Wir unterstützen das DDR-Museum-Tutow

DDR-MUSEUM
Tutow

W0077924

Besuchen Sie die DDR
täglich ab 10.00 Uhr
Tel. 039999 - 70557

17129 Tutow , Pommernring 22

Funk 01719602834 / Sfredspiegel@aol.com

www.ddr-museum-tutow-mv.de

TEKÜCHE

AUFENTHALTSRAUM

Wir haben keine ★ ★ ★ ★ ★
aber ♥ ♥ ♥ für Sie!

Ferienwohnung

NATIONALER
Widerstand

JUDITH BOROWSKI, Jahrgang 1969, hat an sehr unterschiedlichen Orten Politologie, Kriminologie und Kunstwissen-
schaften studiert, bevor sie in Hamburg die Journalisten-
schule besuchte. Sie hat in London, Leipzig und Dresden
gearbeitet, war in Hamburg Redakteurin, u.a. beim NDR
und bei *Financial Times Deutschland*. Seit acht Jahren arbeitet sie in Berlin, im Zentrum des Ostens, als Autorin
für verschiedene Redaktionen und Verlage und leitet eine
Agentur für Text und Design.

Judith Borowski

Knietief im Osten

Reisen durch ein fremdes Land

WILHELM HEYNE VERLAG
MÜNCHEN

Es geht nicht um Einzelne, sondern ums Ganze.
Darum wurden, wo es sinnvoll schien, Namen geändert.

FSC
Mix
Produktgruppe aus vorbildlich
bewirtschafteten Wäldern und
anderen kontrollierten Herkünften

Zert.-Nr. SGS-COC-1940
www.fsc.org
© 1996 Forest Stewardship Council

Verlagsgruppe Random House FSC-DEU-0100
Das für dieses Buch verwendete
FSC-zertifizierte Papier *Holmen Book Cream*
liefert Holmen Paper, Hallstavik, Schweden.

Originalausgabe 01/2010

Copyright © 2010 by Wilhelm Heyne Verlag, München,
in der Verlagsgruppe Random House GmbH
Redaktion: Martina Kayser
Umschlaggestaltung: yellowfarm gmbh, S. Freischem
Covermotiv: © Ute Mahler/Ostkreuz
Satz: Leingärtner, Nabburg
Druck und Bindung: GGP Media GmbH, Pößneck
Printed in Germany 2009
ISBN: 978-3-453-60140-6

www.heyne.de

Inhalt

Von oben herab

Sieht man aus der Ferne klarer, oder lügt der Blick aus der Luft? Von oben schaue ich auf ein Land, das aussieht, als sei es von Märklin – oder, denn unter uns liegt schließlich der Osten, von Faller: die Kunstlandschaft einer Spielzeugeisenbahn. Weite Wälder, riesige Felder, einige rapsgelb, und zartgrün die Hügel. Windräder, rote Dächer wie hingestreut zwischen die vielen Seen, Flüsse und Kanäle, auf denen weiße Schiffchen schwimmen. Von oben sehen selbst Autobahnen und Bundesstraßen hübsch aus. Ich entdecke Dörfer mit Kirchtürmen um Löschteiche gruppiert und sehr fern die Spielzeugbahn, die durch die Felder rollt, in Richtung Meer. Im Anflug auf Tegel schaue ich auf das Land und finde: Es sieht ziemlich schön aus dort unten. Um die Hauptstadt herum ist es weiter, leerer, grüner als im Westen, es gibt schlicht mehr Platz. Es scheint idyllisch und so, als existiere dort genau jene Mischung aus Wasser, Wiesen, Wäldern und Hügeln, wie ich sie gern leiden mag. Am liebsten würde ich noch ein wenig oben bleiben. Denn wehe, wenn man näher kommt.

1

Berlin, Checkpoint Charlie:
Blick zurück nach vorn

Vierzig Jahre hat die DDR existiert, halb so viele Jahre zählt die Einheit. Doch zwei Jahrzehnte nach der erstaunlich friedlichen Revolution blinzelt das Glück nur noch selten von hüben nach drüben. Die Situation in Ostdeutschland ist ein einziges großes »Naja«. Wenn überhaupt.

Es ist Ende September, und ich, zurück von einer langen Reihe kurzer Reisen, sitze im Café Sale e Tabacchi in der Rudi-Dutschke-Straße. Die Kochstraße und der Checkpoint Charlie spiegeln sich in den schwarz lackierten Tischen. Ein Hund hebt sein Bein an einem Hollandrad. »Sie verlassen den amerikanischen Sektor«: Vis-à-vis, vor den alten Grenz-Schildern der GÜSt, wie es auf DDR-Deutsch hieß, Grenz-übergangsstelle, knipsen sich Berlin-Touristen in prakti-scher Kleidung. Sie stehen sogar Schlange für das Motiv. Vor dem Nachbau der ersten Kontrollbaracke sind Säcke aufgestapelt. Heute jedoch sind sie mit Beton statt mit Sand gefüllt, damit sie nicht zu Souvenirs werden. Trete ich vor das Café und schaue nach rechts, sehe ich das Axel-Springer-Hochhaus. Der Verlag verstand sich mit *Bild* und *Welt* einst als publizistische Speerspitze gegen die Teilung des Landes und schoss per Textlaufband an der Hochhaus-fassade West-Nachrichten gen Osten. DDR-Staatschef Ul-bricht ließ als Sichtblende an der Leipziger Straße eine gan-ze Kette aus Hochhäusern errichten – nach Westen fenster-los. 1961 standen sich hier sowjetische und amerikanische Panzer gegenüber, hier war der Schauplatz spektakulärer Fluchten aus Ostberlin. Ein besonderer Ort, ein Hotspot des Kalten Krieges. Aber auch ein besonderer Tag: Vor genau zwanzig Jahren begann hier die Grenze, die die beiden Länder trennte, porös zu werden. Im Fernsehen konnte man die Gesichter der DDR-Bürger sehen, die in die Prager Botschaft geflohen waren. Sie sagten alle dasselbe: Die Menschen wollten raus, um jeden Preis. Am 30. September 1989, wenige Tage vor dem vierzigsten Geburtstag der DDR, hatte Hans-Dietrich Genscher, Außenminister der Bundesrepublik Deutschland, den Botschaftsflüchtlingen verkündet, dass sie ausreisen dürften. Der Jubel war riesig, nicht nur im Botschaftsgarten. Dieser Tag riss ein wirklich großes Loch in die Mauer, ihm folgten die Sonderzüge der Ausreisewilligen, die Montagsdemonstrationen, die Runden Tische. Ich selbst – westdeutsch, blond und zwanzig Jahre alt – fand es zum ersten Mal ziemlich prima, Deutsche zu sein. Der schlimmen Geschichte meines Landes, derer ich mich zu schämen gelernt hatte, wurde etwas hinzugefügt, größer und schöner als all das, was bislang war. Ostdeutschland hätte das bessere, das andere Deutschland werden können. Hätte.

Waren früher nur wenige DDR-Bewohner mit den Zuständen in ihrem Land einverstanden, so sind dies posthum viele und immer mehr. Plötzlich finden irgendwie fast alle, dass es früher besser war und dass sie sich mehr erhofft hatten von der Einheit, vom Aufbau des Landes: mehr Wohlstand, weniger Unsicherheit, weniger Stress. Je länger sie zurückliegt, desto strahlender erscheint die Deutsche Demokratische Republik. Im Nachhinein wird der kleine graue Staat von seinen einstigen Bürgern verklärt, werden seine Verbrechen gerechtfertigt und mit Pauschalaussagen und Klischeedummheiten zur Seite gewischt.

Ergebnisse des Emnid-Instituts belegen: 49 Prozent der Ostdeutschen finden die DDR auf einmal ziemlich schick. Sie sagen, die DDR habe »mehr gute als schlechte Seiten« gehabt. Weitere acht Prozent meinen gar, dass sie »ganz überwiegend gute Seiten« hatte: »Man lebte dort glücklicher und besser als heute im wiedervereinigten Deutschland.«

Auch die Volkssolidarität, der ostdeutsche Wohlfahrtsverband, dem eine Nähe zur Partei Die Linke nachgesagt wird, fand heraus: 42 Prozent der Ostdeutschen sind unzufrieden mit der Demokratie, nur jeder vierte fühlt sich als richtiger Bundesbürger. *Die Zeit* schreibt, Neufünfland bocke und ostalgiere, und die Leipziger Schriftstellerin Else Buschheuer macht im *Spiegel* bei einer großen Gruppe von Ostdeutschen »eine unkritische, ja schwärmerische Hinwendung zum Osten« aus, »dass es der Sau graust«. Die DDR war, so wollen es mehr und mehr Menschen heute sehen, kein kleines kaputtes Land mit giftigen Seen und Flüssen, keine perfide Diktatur, kein Riesengefängnis, sondern ein Paradies aus Rotkäppchen-Sekt, FKK, Sandmann und Ampelmännchen und ein Land, in dem man das Wort »Arbeitslosigkeit« nur aus dem West-Fernsehen kannte.

Auch der Politologe und DDR-Forscher Klaus Schroeder hat eine Studie zum DDR-Bild ostdeutscher Schüler durchgeführt. Ein Buch fasst Zuschriften zusammen, die er daraufhin bekam: *Oh, wie schön ist die DDR*, heißt es. 85 Prozent dieser Zuschriften malen diesen Staat rosarot. Bloß warum? »Letztlich«, sagt der Wissenschaftler, »ein Kampf um die Anerkennung der Lebensleistung.« Die eigene, in der DDR geprägte Identität ist abgewickelt, viele sehen sich hilflos in die neue Welt geschubst.

In der DDR Ulbrichts waren das Kleinbürgerliche, das »Muckertum und Spießertum« offiziell verteufelt worden. Aber genau in diese Richtung wurde das Volk erzogen. Arbeiterklasse, das war erwünscht, nicht freies, selbstständiges Denken. Nun verödet der Osten. Und je weiter man gen Osten kommt, desto unterentwickelter ist das Land. In Ostelbien, im Norden des Ostens; überall findet man schon Inseln des Nichts. Der Osten sei abgekoppelt, abhängig, eine Problemregion, sagt sogar die Ost-Partei Die Linke. Der Osten wird nicht Westen.

Das Sparen und das Sparenmüssen sind naheliegende Ausreden dafür, dass die Landschaften nicht blühen wollen. Dafür, dass alle nur rückwärts blicken. Dafür, dass jenseits der touristischen Alles-in-Butter-Zentren der Alltag noch immer so trostlos wirkt. Dass alles aus Plastik ist, dass nicht mit Liebe gekocht wird, dass einst hübsche Straßenzüge von Investoren verhunzt werden. Sehnsucht nach Schönheit und Qualität scheint es kaum zu geben. Schließlich gibt es größere Nöte, wichtigere Probleme.

Doch ist es möglich, dass die Lieb- und Trostlosigkeiten einer bloß noch auf Nützlichkeit bedachten Umgebung auch ansteckend sind? Flächendeckend sieht man Opportunismus anstelle von Kreativität, Strukturschwäche und Verzagtheit statt Aufbruchsstimmung: Es fehlt an Geist, und es wird schlimmer. Die Mehrheit der Ostdeutschen, die es besser könnten, schweigt. Oder ist weg: Das Land ernährt sie nicht. 50 000 gehen, Jahr für Jahr – die Klügeren, Aktiveren, Jüngeren, und hauptsächlich Frauen.

Kleinkariert und traurig wirkt die Realität auch auf Zuzügler. Viele Westdeutsche, die sich im Osten versucht hatten, wollen wieder zurück: Die Lebensqualität ist ihnen zu schlecht, der Alltag im auch intellektuell ausgebluteten Land von einem Pragmatismus geprägt, den sie nicht mehr länger ertragen wollen. Selbst das Allerletzte, das Lebensende ist im Osten oft schmucklos: In der DDR hatte der Verstorbene aus ideologischer Sicht keinen nennenswerten Stellenwert mehr. Die kommunalen Müllentsorgungsbetriebe waren für die Toten zuständig. Diese Einstellung habe sich gehalten, heißt es beim Bundesverband Deutscher Bestatter. Bis heute sei die Einäscherungsrate überdurchschnittlich hoch, »teils über 90 Prozent, bei nur 46 Prozent bundesweit«, so Rolf Lichtner, der Geschäftsführer. Der allgegenwärtige Mangel an Schönheit verlangt ein Maß an Unempfindlichkeit, die dauerhaft nicht jeder hat.

Klar: Zwanzig Jahre nach dem Mauerfall gibt es auch in Ostdeutschland irgendwie alles. Man kann dort sehen, was man will, man kann dort finden, was man sucht. Oder, mit

Ernst Jünger: Man erlebt alles und sein Gegenteil. Natürlich gibt es das Piefige, Miefige, Zweit- und Drittklassige auch im Westen. Der Unterschied jedoch scheint, im Osten gibt es daneben nicht viel. Das wenige andere wird zumeist von außen beatmet: Unternehmen, Kulturbetriebe, politische Initiativen. Die Ursachen für den Schlamassel liegen im Gestern und im Heute, im Osten und im Westen. Doch das Resultat ist unterm Strich ganz klar: Enttäuschung. Auch bei mir ist sie groß. Mein Faible für das 1990 hinzugekommene Land ist erkaltet.

Wespen schwirren über dem Kuchen meines Tischnachbarn. Ich blinzele durch die Fenster des Cafés nach draußen. Der Himmel ist blau, das Licht fast golden, die Staffel ist schon an den Herbst übergeben. Die vergangenen Monate waren schön. April und Mai eine Wucht. Der Juni dann eher regnerisch, gegen Ende jedoch wurde es plötzlich heiß. Zwischen den fast täglichen Gewittern im Juli und August war ich viel schwimmen. In zunächst eiskaltem, dann etwas wärmerem Wasser. Ich lag an Talsperren, an Seen und an der See, an Tümpeln und am Bodden, bis meine Haut in der Sonne glühte und sich an der Nase pellte. Ich habe in Pensionen, in Luxushotels, in muffeligen Datschen und auf einem Bauernhof übernachtet, auch im Auto und im Zelt am Strand geschlafen. Letzteres gar unter tropischen Bedingungen. Ich bin im Gewitter patschnass geworden. Ich habe einen Haufen Unfug gegessen – Tankstellen-Soljanka und Grilletta, Dinge, die meines Erachtens fälschlich unter dem Namen »Heiße Hexe« firmierten, Goldbroiler, Pommes, Schopska-Salat und Knacker mit Ketchup und ungetoastetem Toast. Auch Würzfleisch habe ich tapfer geschluckt, Halberstädter Würstchen, Thüringer Klöße in Einheitssoße, Mischgemüse und Salat mit Fleischwurststreifen in quietschrosa Cocktailtunke. Ich habe Erdbeeren stibitzt und in einer Gärtnerei mit dem Namen Essbare Landschaften Unkraut gekostet. Ein gutes Vierteljahr lang habe ich mir fast jede

Woche die *SUPERillu* gekauft. Ich habe tatsächlich nur ganz wenige Ausgaben verpasst. Anfangs wickelte ich das Heft noch in meine Tageszeitung. Bald war es mir jedoch egal, was andere dachten, und ich las *SUPERillu* wie alle im Osten, ich machte mit bei der Totalverdummung, überall. An besonders deprimierenden Tagen kroch ich abends schon früh ins Bett, versuchte, an nichts zu denken und bald einzuschlafen.

Ich war in Brandenburg, in Sachsen, in Thüringen, in Sachsen-Anhalt und Mecklenburg-Vorpommern unterwegs. Nicht an einem Stück – viele kleine Reisen und Ausflüge habe ich gemacht, einen Sommer lang strahlenförmig von Berlin aus das Land erkundet. Ohne Plan, ohne eine vorher großartig festgelegte Route, war ich mit einem nicht mehr neuen blauen Kombi kreuz und quer unterwegs durch das, was mal die DDR war. Wo ich landete, war meist Zufall. Ich wollte nur eines: Stichproben sammeln im Osten meines Heimatlandes. Zwanzig Jahre nach der Öffnung der Mauer, zwanzig Jahre nach dem großen Glück, wollte ich sehen, wie es ist. Was man erlebt, wenn man es bereist. Wie sich das Land auch Fremden präsentiert. Und? Alles Geschichte?

Drehen wir die Zeit zurück, beginnen wir doch einfach ganz von vorn. Ich zahle, gehe, überquere die Straße – und die einstige Grenze.

2

Tanz auf dem Darß:
Eine Party vor zwanzig Jahren

Von Berlin aus reise ich in blühende Landschaften. Die Kirschen blühen, die Birnen. Von den Birken meldete es frühmorgens der Pollenwarndienst im Radio, und bunte Tulpen stehen vor den Häusern, als seien sie Soldaten. Über altem Laub löst die Sonne letzte Nebel auf. Es blühen die Osterglocken, orange-weiß und gelb, die Hyazinthen, späte Märzenbecher, erste Maiglöckchen. Am Rand der Wälder wabern Bärlauchwolken, in den Gärten wird schon Rhabarber geschnitten, und wo noch Knospen sind, glänzen sie prall. Am Löschteich von Pfaffendorf, auf halbem Weg nach Eisenhüttenstadt, sitzt ein hochschwangeres Mädchen im weißen Kleid. Die Beine ihrer schwarzen Leggings hochgezogen, stupst sie die Füße ins kalte Wasser. Und auch der Spargel ist früh dran in diesem Jahr. Ein Frühlingstag wie aus dem Bilderbuch, und heute, da ich mich aufmache in Deutschlands Osten, wird das Luxusgemüse begrüßt. Brandenburgs Agrarminister fährt zum Anstich ins größte Anbaugebiet des Spargelzüchterlands, nach Beelitz, südöstlich von Berlin. Später wird es in den Nachrichten heißen, dass alle, die dabei waren, auch Spargelkönigin Karolin, zweiundzwanzig, sich einig waren: Das königliche Gemüse sei dieses Jahr in Konsistenz, Farbe und Geschmack »schlicht extraordinär«. So früh, so reichlich, so lecker gab es die Stangen hier wohl seit Gedenken nicht. Die Sonne lacht über Ostdeutschland. Aber nicht nur die.

Nur ein paar Kilometer außerhalb der deutschen Hauptstadt wird schnell klar: Außer Blumen blüht nicht viel. Hier hat das Land ein Problem. Es kommt nicht an im Heute. Das Land klebt am Gestern, ändert sich nur im Schneckentempo – oder voll Karacho in jene grauenhafte Richtung, die mich weinend unter den Tisch rutschen lässt. Die Menschen, die hier leben, haben jedoch – und an dieser Stelle werden BRD-Deutsche das erste Mal aufmucken – auch viel verloren. Auf der Liste der ostdeutschen Verluste stehen so unterschiedliche Dinge wie diese:

• Volle Kneipen, in denen das Bier 52 Pfennige der DDR kostet.

• Das Gefühl, dass selbst in der tiefsten Provinz etwas los ist. Landwirtschaftliche Produktionsgenossenschaften und aufgeblasene Großbetriebe schwemmten junge Menschen in die letzten Winkel der Republik. Und die Unmöglichkeit, nach Mallorca oder Sizilien zu reisen, sorgte einst für FKK-Trubel an den Talsperren und Flussauen der Umgebung.

• Der Westen als Projektionsfläche für unerfüllte Wünsche, für Träume und Sehnsüchte. Und als willkommenes Feindbild, als Ort, an dem das Böse zu Hause ist: Nationalsozialisten, Großkapitalisten, Terroristen. Dinge, mit denen man sich selbst also nicht zu beschäftigen braucht.

• Das Vertrauen. Nach der Wende mussten viele erfahren, dass sie von besten Freunden, Ehefrauen oder -männern bespitzelt worden waren. West-Makler aus Köln, Mannheim oder Iserlohn, die im Benz Immobilien taxierend langsam durch die Straßen fuhren, auf Beutezug, haben im Verein mit Leuten wie Versicherungsvertretern und Zeitschriftendrückern auch nicht eben dafür gesorgt, dass die Menschen Vertrauen fassten.

- Das Selbstwertgefühl: Mit den Kombinaten wurde auch die Identität der Menschen abgewickelt, so jedenfalls wird es wahrgenommen. »Man hat sie einfach in die Nach-Moderne geworfen«, so formulierte es kürzlich der einstige Bürgerrechtler Jens Reich. Damit kommt nicht jeder klar.

- Das Glück, mit wenig glücklich zu sein: Wer fiebert heute noch jahrelang einem Innen-WC entgegen? Wer macht heute noch Ferien im Autodachzelt, und wem genügt es, seinen Jahresurlaub auf der Datsche zu verbringen? Heute, da es doch alles gibt und nichts unmöglich ist.

- Die Solidarität im Kollektiv und kuschelige Enge der Not- und Tauschgemeinschaft: Fliesen gegen neue Scheibenwischer für den Wartburg, Orangen gegen einen Sack Zement.

Derlei schweißt die Menschen zusammen und macht, dass sie sich einig sind und irgendwie zufrieden.

In der DDR war man frei von den Sorgen der Marktwirtschaft, die ihre einstigen Bürger heute nicht so recht als »sozial« empfinden und daher lieber gleich – gelernt ist gelernt – nur mit dem Kampfbegriff »Kapitalismus« bezeichnen. Aber auch Politiker und Medien streiten über jene Verluste, über das, was doch eigentlich gut war an der DDR. Erwin Sellering, Mecklenburg-Vorpommerns Ministerpräsident (SPD), meinte, es sei falsch, »die DDR als totalen Unrechtsstaat zu verdammen, in dem es nicht das kleinste bisschen Gute gab«. Er sagte: »Die Bundesrepublik hat ihre Schwächen, und die DDR hatte ihre Stärken.« Bundestagsvizepräsident Wolfgang Thierse hat seinen Parteikollegen verteidigt. Und schon begann ein großes Hauen und Stechen wegen etwas, was doch an sich ganz klar und verständlich ist: Dass manchen Naschkatzen die Hallorenkugeln aus Halle schmeckten, dass Schrippen und Mieten billig waren, dass im Kollektiv durchaus mal lustig gefeiert wurde und die meisten Ostdeutschen furchtbar nette Menschen sind heißt schließlich nicht, dass der ganze restliche Mist okay war.

Man erlaube mir einen Hinweis. Ich bin keine jener westdeutschen Perlenkettenträgerinnen, die ihre Ferien auf Sylt verbringen, über den »Soli« jammern und beim Wort Osten zuerst an russischen Kaviar denken. Der schwäbische, rheinische, bayerische West-Dünkel ist mir zutiefst zuwider. Ich will auch nicht behaupten, ich hätte den kompletten Durch- und Überblick: Ich finde mich nicht besonders clever, und ich kann, klar, auch nicht in DDR-sozialisierte Seelen kriechen. Aber ich kenne den Osten, ich mochte ihn mal. Und ich finde, es muss erlaubt sein zu sagen: »Komm Ostdeutschland, mit zwanzig ist man langsam erwachsen, nun mach mal hinne!«

1983, da war ich vierzehn, kam ich wegen eines Sportwettbewerbs zum ersten Mal nach Berlin. Und war auch im Ostteil der Stadt. Lernte Gleichaltrige kennen, die mich in die Diskothek im Palast der Republik mitnahmen, mir fortan schrieben, die ich wieder besuchte. Jugendliche, die ich damals irgendwie sehr bohemien fand. Sie vermittelten mir den Eindruck, dass in der DDR die richtigen Bücher gelesen, dass mehr ins Theater gegangen, mehr wahre Freundschaften gepflegt würden.

Während meine Klassenkameraden im Badischen viel in der *Bravo* blätterten und Dr. Sommer konsultierten, schrieb mir ein André aus Hohenschönhausen Briefe, die mich schwindelig machten. Und ein Satz, den ich viel später von der Bürgerrechtlerin Bärbel Bohley hörte, bringt auf den Punkt, was ich damals empfand: »Das Gute an der DDR war, dass Geld nichts bedeutete. Geld war unwichtig.« Wegen solcher Sachen wollte ich noch vor der Wende an der Karl-Marx-Universität in Leipzig studieren. Ich war traurig, als ich nicht durfte. Auch dass Brigitte Reimann nicht mehr Bücher geschrieben hatte vor ihrem frühen Tod, bedauerte

20

ich. Von 1990 an, direkt nach dem Mauerfall und langsam erwachsen, war ich fast ständig jenseits der Elbe: machte Praktika in Leipzig, in Dresden. Arbeitete dort. Studierte. Hatte Stasi-erfahrene Liebhaber, die an Verfolgungswahn litten, Freunde und Freundinnen, die zum Studium in Rostow am Don oder in St. Petersburg waren. Ich war gar nicht so links, nur ein bisschen, ich war einfach jung. Und wenn mich einer fragte in jener Zeit, was ich sei, sagte ich ziemlich selbstverständlich »Wossi«. Solche Worte gab es damals tatsächlich.

Nach der Wende war die frischgebackene Ex-DDR ein Kabinett der Kuriositäten und auf eine Art einfach lustiger als unsere Achtziger-Jahre-BRD. In versteckten Hinterhofwohnungen blühten illegale Kneipen, am Straßenrand verkauften Russen Waschmaschinen. Schulabgänger gründeten Filmproduktionen oder übernahmen die Chefsessel von Baufirmen: Die DDR-Deutschen meiner Generation waren unbelastet und allein dadurch schon topp. An Sommerwochenenden schliefen wir in muffeligen Häusern am Ostseestrand, hielten in dem berühmten Ahrenshooper Restaurant Buhne 12, wo man auch 1991 noch wie in der DDR »platziert« wurde, Ausschau nach Prominenz: Winfried Glatzeder, Christa Wolf, Christoph Hein – entdeckt haben wir keinen der Ost-Kulturschaffenden, die sich angeblich alle hier immer rumtrieben. Vermutlich waren die längst in Paris, Hamburg oder New York. Dort, wo auch die von mir angehimmelte Boheme-Jugend des Ostens bald hinverschwand: André jedenfalls hatte da schon seine Green Card.

Doch zunächst sang Rex Joswig mit der Ost-Berliner Band »Herbst in Peking«: »Schwarz-rot-gold ist das System, morgen wird es untergehn«; es war der Song der Wende. Wir tanzten bis nachts in Tommys Tute auf dem Darß. Wir tanzten in der Leipziger Moritzbastei, tanzten auf Küchentischen und in Elbauen. Wir feierten die neue Zeit. Dann drehte irgendwer die Musik aus, machte viel zu helles Licht.

Gefühlt bin ich bereits am ersten Tag meiner Reise weit weg von allem, was irgendwie nach guter Laune klingt. Ich passiere einige Küchenstudios und Möbelhäuser, die Asyl in abrissreifen Waschbetonwürfeln gefunden haben, einen Palettengroßmarkt, vor dem riesige Schilder die Ware auch auf Polnisch in die Landschaft brüllen, Tankstellen, Skoda-Werkstätten, die Filiale einer Erotikkette. Ich nähere mich Eisenhüttenstadt. Schaute man von oben, so könnte man auch sagen: Von Berlin aus gesehen befinde ich mich auf etwa vier Uhr.

3

Eisenhüttenstadt:
Beachgirl in Schrottgorod

In dem Moment, da ich die Stadtgrenze passiere, schlägt in der »ersten sozialistischen Stadt der Deutschen Demokratischen Republik« – besser: dem, was davon übrig blieb – die Krise zu. ArcelorMittal, der weltweit größte Stahlhersteller, legt seinen großen Hochofen still. Für die Region eine Hiobsbotschaft: 2700 Stahlarbeiter, ohnehin seit Monaten auf Kurzarbeit, bangen um ihre Jobs – und so auch darum, ob sie hier bleiben können. 2700: nicht ganz, doch fast jeder Zehnte hier, Alte und Kinder mitgezählt. Die Automobilindustrie, einer der wichtigen Stahlabnehmer, braucht in der Krise weniger Stahl. Und außer Stahl gibt es in der kleinen Stadt nicht viel. Dabei ist »Hüttenstadt«, wie die Einwohner auch sagen – oder auch einfach nur »Hütte« –, schon längst gar keine reine Stahlarbeiterstadt mehr. Viele der einstigen Stahlarbeiter vom Eisenhüttenkombinat Ost, EKO, sind Rentner. Junge zog es in Scharen weg, dorthin, wo Arbeit lockte oder auch die Liebe, viele reisten Träumen vom besseren Leben hinterher. Jeder Dritte der einst über 50 000 Einwohner hat Eisenhüttenstadt seit der Wende verlassen. Im Stich gelassen, ist mein erster Gedanke. Oder ist es die heutige Nachricht, die einen Schleier der Trauer über die Straßen legt, etwas Bleischweres, viel zu Ruhiges, einen Hauch von Beerdigungsstimmung? Die Stadt mit dem Slogan »Viele Eisen im Feuer« scheint tot. Fast wie ich es von Bildern aus Nordkorea kenne. Wenig Menschen auf den weiten Straßen, kaum Autos. Mitten am Tag ist Eisenhüttenstadt ziemlich leer gefegt. Selbst am Bahnhof, etwas außerhalb, ist kaum Betrieb, und der Asian Döner Imbiss vor Bestattungs-Geller hat seine Jalousien erst gar nicht nach oben gezogen.

Dabei: Das Stadtbild ist nicht nur trist, nicht so trist, wie ich es wohl erwartet hatte, trotz der etwas gleichförmigen Fünfzigerjahrearchitektur seiner Arbeiterpaläste, trotz der niederschmetternden Leere. Eisenhüttenstadt gilt als größtes zusammenhängendes Denkmalschutzgebiet des Landes. Viel Licht und Luft ist zwischen den frisch gestrichenen Häusern, den Ahornbäumen, Eschen, Kastanien und Robinien. Es blühen Linden, Holunderbüsche und Löwenzahn. Vielleicht auch, weil Geld fürs regelmäßige Mähen der öffentlichen Anlagen fehlt, darf alles ein bisschen wilder sprießen, nahezu idyllisch werden.

An der Turnhalle im VI. Wohnkomplex entdecke ich ein Wandbild. Es ist von Sepp Womser, der bis zur Wende so etwas wie ein Stadtmaler war. 1996 jedoch zog der Künstler weg, nach Dresden, weil er im postsozialistischen Eisenhüttenstadt nicht mehr leben mochte: »Ich will teilhaben an einem Theater- und Konzertleben, das hier nicht Alltag ist«, soll er gesagt haben, als er ging. Und dass es ihm widerstrebe, ein Einkaufszentrum wie das City Center als geistig-kulturelles Zentrum einer Stadt anzunehmen. Was Womser zurückließ, sind Bilder: ein Mosaik mit dem Titel »Drachensteigen« am Haus der Vereine, eine Stelenwand im Wohngebiet An der Holzwolle, ein Wandbild im Flur einer längst geschlossenen Schule im Pionierweg. Der Fries an der Turnhalle heißt »Erholung und Sport«, er zeigt Menschen beim Turnen am Strand. Unter den Bildstreifen hat jemand mit einem Filzstift geschrieben: »Beachgirl, I love you, forever.« Und daneben, mit Kreide: »So sehr!«

Verlässt man die Innenstadt (oder das, was man so nennen könnte – bis zuletzt bin ich mir nicht ganz sicher) zu Fuß in Richtung Südosten, so stößt man bald auf das sowjetische Ehrenmal am Platz der Deutsch-Sowjetischen Freundschaft, der heute eigentlich Platz des Gedenkens heißt.

»Aber wir nennen ihn Platz der DSF«, sagt mir eine ältere Passantin, deren Sandalen auch noch aus dem anderen System stammen, und schaut, als sei ich ihr eben auf die Zehen getreten. Über 4 000 russische Kriegsgefangene und Gefallene liegen hier begraben, der Platz ist also ein Friedhof. Welke rote Nelken liegen vor dem Grabstein, einem siebzehn Meter hohen Granit-Obelisken. Seine Spitze toppt ein Sowjetstern, und auf einer Tafel am Boden steht: »An Euch junge Erbauer des Kommunismus! Diese Botschaft aus dem Jahre 1980 ist zu öffnen am 100. Jahrestag von Stadt und Werk im Jahr 2050.« Was dann wohl darunter gefunden wird? Das in Gießharz verewigte Blauhemd eines FDJ-Pioniers? Ein handgeschriebener Brief des Staatsratsvorsitzenden? Eine Flagge »Für Frieden und Sozialismus – Immer bereit«?

Nur einen Steinwurf vom Platz des Gedenkens entfernt findet man riesige Schutthalden: Reste jener untergegangenen Republik. Verlassene Wohnblocks, ganze abgerissene Viertel. Bauzäune aus Drahtgitter flankieren die zersplitterten, zerschlagenen Plattenbauten, Typ WBS 70, der meistgebauten Wohnungsbauserie der DDR. Krähen hüpfen darauf herum, an vielen Brocken klebt Tapete. Ein Mann dreht sich vom Zaun weg und schließt seine Hose.

Traurige Rentner, vertrocknete Pflanzen, Friedhof, Abrissschutt: Die Stadt hat ihre besten Jahre hinter sich. Andererseits jedoch könnte man auch sagen, Eisenhüttenstadt ist blutjung, verglichen mit dem, was Städte normalerweise so auf dem Buckel haben. Nicht im 11., 12. oder 15. Jahrhundert, sondern eben erst 1951 in einem Rutsch dort gebaut, wo vorher nichts war als Kiefern und Sand und wo vielleicht auch irgendwann wieder nur Kiefern und Sand sein werden. Damals wurde erst EKO-Stahl, das gigantische Eisenhüttenkombinat Ost, aus der Erde gestampft, dann kam die Wohnstadt, Unterkünfte für zuletzt 55 000 Arbeiter: Eine Stadt für den sozialistischen Menschen sollte das sein, befreit von Erbfolgen, Bürgertum, all dem traditionellen

Ballast. Eine neue Stadt für neue Menschen. Euphorisch soll die Stimmung gewesen sein, als die Stadt entstand.

Andernorts lebende Menschen nannten Eisenhüttenstadt manchmal auch Schrottgorod. Schrott wegen des Eisens. Und die Endung -gorod, weil diese Stadt so sowjetisch schien: »Ist das noch Deutschland?«, fragte etwa der Reporter Hilmar Pabels, der 1955 als erster Journalist aus dem Westen aus und über Eisenhüttenstadt berichten durfte, in der Zeitschrift *Quick*. Er schrieb: »Ich habe das beklemmende Gefühl, hier in einem fremden Land zu sein: massige Häuserblocks im sowjetischen Stil, die eher Regierungsgebäuden oder Versicherungspalästen als Wohnstätten gleichen. Sie sind hell und großräumig, aber wie eintönig! 500 Häuser, genormt, eines wie das andere.« Eisenhüttenstadt mit seinen typisierten Bauten, den breiten Straßen, großen Plätzen – dieser Ort direkt an der polnischen Grenze ist dem Osten sehr nah.

Ein junger Mann irrt durch die Straßen, fröhliches Gesicht, den neugierigen Blick an Fassaden geheftet, in der Hand eine Straßenkarte, die Kameratasche geschultert. Für zwei Tage, sagt er, sei er aus München gekommen. Er arbeite auf dem Staatlichen Bauamt, sammle Postkarten aus der DDR. Und Eisenhüttenstadt, das sei doch ostdeutscher, mehr DDR als alles andere, das habe er endlich sehen wollen. Und, hat sich's gelohnt? »Auf jeden Fall«, sagt der Münchner und zwinkert. »Gibt's doch bei uns nicht, so was!«

In Eisenhüttenstadt gibt es Kneipen, die heißen Schluckspecht, viele Resterampen und Discounter. Es gibt bauchfrei gekleidete Teenager-Mütter, deren Hobby das Färben der Haare zu sein scheint; telefonierend schieben zwei ihre Kinderkarren durch die Straße der Republik[1]. Es gibt ältere Frauen, die im Fenster hängen und in die Welt sehen, als liefe hier ein interessantes Programm. Es gibt leicht nuttige

---

[1] »Republik« meint hier natürlich die DDR.

Unterwäsche, die an Bügeln vor den Geschäften hängt, Video-Welten, Wettstudios, diese ewigen Hallen der Hoffnung, und Balkone, von denen schwarz-rot-goldene Wimpel flattern: das ganz normale Umfeld der weniger privilegierten Schichten. Und es gibt das DOK, das Dokumentationszentrum Alltagskultur der DDR, eine Einrichtung, die die Musealisierung dieser Republik betreibt. 150 000 Exponate haben die Mitarbeiter gesammelt – von der Mitropa-Tasse über die Erika-Schreibmaschine bis zu den Töpfchen der DDR-Krippenkinder: Bei einem ersten angestrengten Nachdenken fällt mir außer einem Bett nichts ein, was man an Gegenständen so zum Leben dringend bräuchte, was hier aber nicht zu sehen wäre – alles aus Ost-Produktion. Historisch betrachtet war die DDR protestantisch geprägt, die Arbeitermoral tat ihr Übriges. Gut war daher das, was vernünftig war. Chichi hatte in der DDR keinen Platz. Es sind teils schöne Dinge aus der Perspektive von heute: irgendwie liebevoller gestaltet, nicht so laut, nicht so auf Verschleiß produziert. Doch scheint mir vieles von dem, was ich in diesem Museum betrachte, ein bisschen wie Spielzeug: Plastik-Eierbecher in Hühnchenform, Umhängetaschen von Interflug, altmodisch bedruckte Obsttüten. Auch auf Berliner Flohmärkten und in Läden, die Intershop 2000 heißen, gibt es derlei. Sehr in Mode sind derzeit T-Shirts mit der Aufschrift »DDR«.

Ich habe eine Verabredung mit dem Leiter des Hauses, dem Westberliner Andreas Ludwig. Kein Ostalgiker, sondern ein designaffiner Historiker, der die Geschichte des Alltags rekonstruieren will, um zu dokumentieren, was jenseits von Parteitagen und Kadertreffen geschah: Wie machte man Ferien? Wie viel Zeit verschlang die Hausarbeit? Wie lang musste man für ein Paar neue Schuhe arbeiten, und was gab's zu kaufen? Die Dinge eben, die das Leben bestimmen, die machen, dass es hübsch wird und nett oder eben auch nicht.

Der Alltagsexperte – Hornbrille, lässiges Sakko, weißes Hemd, Jeans und Haare, die immer wieder ins Gesicht fallen – wirkt bescheiden, ein Mann, der zuhören kann und nachdenkt, bevor er antwortet. Er könnte auch Erdkundelehrer oder Kunstsammler sein. Ludwig raucht viel, trinkt Filterkaffee. Und er sagt, dass es heute im Prinzip dasselbe sei, im Osten wie im Westen. Nur drei Dinge machten den Unterschied zwischen hüben und drüben: »Erstens«, so Herr Ludwig, »ist Ostdeutschland arm«. Zweitens sei die einstige DDR Emigrationsland. Die meisten ostdeutschen Familien hätten sich aufgelöst – drei Millionen haben vor dem Bau der Mauer »rübergemacht« und eine Million nach ihrem Fall. »Die Eliten sind weg, das spürt man absolut.« Und das Auseinandergerissensein verändere auch die Gewohnheiten und das Bewusstsein der Familien. Drittens und letztens sei im Osten immer alles recht politisch. Selbst beim Brötchenkaufen schwinge ein »permanenter politischer Subkommentar« mit. Was heute sei, werde im Vergleich gesehen, in der Entwicklung – und eben auch im Verhältnis zu den Lebensumständen in der DDR.

Andreas Ludwig ist vielleicht gar kein ausgesprochener Freund der Ostdeutschen. Aber auch keiner derer im Westen. Er ist Wissenschaftler, ein Mann der Distanz: Den Osten aus der Brille des heutigen Westdeutschlands zu betrachten erscheint ihm ähnlich absurd wie das Umgekehrte, der Blick auf den Westen durch die Propagandabrille der DDR. Vielleicht ist auch sein brandenburgischer Alltag, den er seit 1993 hier lebt, für ihn eine Art soziologisches Experiment oder eins zur Erforschung der Alltagskultur im postsozialistischen Eisenhüttenstadt. Allerdings nur von Dienstag bis Freitag. Die Wochenenden verbringt der Mittfünfziger im Westen Berlins.

4

Ratzdorf an der Oder:
Kulinarische Grenzerfahrung I

Ich verlasse Eisenhüttenstadt, nicht ohne einen Tipp bekommen zu haben: Ratzdorf soll eine tolle Kneipe haben, die Gast- und Tanzwirtschaft Kajüte. Sie liegt in den Auen, die früher zur sogenannten Friedensgrenze zählten, zwischen der DDR und Polen. Ein symbolischer Ort.

Am 17. Juli 1997 hatte das Hochwasser den Zusammenfluss von Oder und Neiße und damit Ratzdorf, seine 350 Einwohner und die Ratzdorfer Deichlücke als ersten Ort in Deutschland erreicht. Viereinhalb Meter über Normal zeigte die digitale Anzeige damals am Pegelhäuschen, und dann hat der Fluss auch das Häuschen verschluckt. Matthias Platzeck, der spätere Ministerpräsident, stand hier in Gummistiefeln im Wasser, wurde bald »der Deichgraf« genannt und deutschlandweit berühmt. Und sogar in Amerika: Michael Jackson spendete nach der Flut 32 000 D-Mark zum Aufbau der Schule. Da es keine Schule in Ratzdorf gibt, wurde mit dem Geld ein Kinderspielplatz gebaut.

Die Kajüte hat geschlossen. Eigentlich müsste geöffnet sein, steht neben der alten Wirtshaustür. Doch die Nicolaischulen- und Thonet-Stühle, sieht man durch die Fenster, stehen nicht an, sondern auf den Tischen. Und es ist ja auch keiner hier, niemand außer mir, der Hunger hätte oder Lust auf ein Bier. Es ist aber tatsächlich ein wunderschöner Ort, dieses Haus auf dem Oderdamm, das Richtung Osten schaut. Eine Immobilie, bei der auch inneneinrichtende Rechtsanwaltsgattinnen aus dem Rheinland ins Schwärmen geraten könnten. Schwalben fliegen tief von hüben nach drüben, scheren sich nicht, dass hier eine

Grenze ist. Ich wate durch die Wiesen und ziehe mir Schuhe und Strümpfe aus, um meine Füße im kalten deutsch-polnischen Wasser zu baden.

Das andere Lokal vor Ort hat einen ähnlich nassen Namen, heißt die Werft. Dort ist es, klar, ebenfalls leer, und natürlich ist hier keine Spur von Thonet-Stühlen oder anderen schönen Möbeln – derlei ist die Ausnahme, nicht nur im Osten, sondern vermutlich in jeder Provinz. Dafür gibt es in der Werft ein massives Problem: Mücken. »So früh wie dieses Jahr waren sie noch nie dran«, sagt die Bedienung mit dem blonden Zopf entschuldigend, hebt die Schultern und bleibt, ein großes Kehrblech in der Hand, träumend am Tresen lehnen. Ich will einfach ein bisschen hinübergucken auf die Oder, die Neiße, auf Polen und bestelle mir über die Tische hinweg ein Würzfleisch mit Toast, eine Ost-Vorspeise, die der Koch bald persönlich bringt und die dennoch nur 2,95 Euro kostet: Kalbs- und Geflügelgeschnetzeltes im Förmchen mit geriebenem Käse überbacken. Dazu gibt es Zitrone und viel Worcestersoße (in der Werft serviert man die Version »Dresdner Art«). Ich stochere mit der Kuchengabel in meinem Würzfleisch herum, es ist okay, doch so recht schmeckt es mir nicht; ich muss an Katzenfutter denken, die Version, auf der steht »in feiner Sauce«. Die Rieslingschorle ist süß bis zur Grenze der Schamlosigkeit. Wasser ohne Kohlensäure gibt's aus dem Hahn. So versuche ich es mit Beuteltee.

Die pastellgelben Raufasertapeten sind von der schmutztechnisch heiklen 1,20-Meter-Höhe an nach unten braun abgesetzt (mit einem blauen Streifen zwischen dem Gelb und dem Braun), an der Decke schlängeln sich Halogenleuchten mit abwechselnd königsblauen und weißen Schirmchen. Auch das Geschirr ist königsblau und weiß. Die Tischdecken aus Papier sind zwar weinrot, und die Sitzkissen der Buchenholzstühle haben ein fleckenschluckendes Muster, dies aber ebenfalls auf königsblauem Grund. Es gibt also durchaus Ansätze für ein Farbkonzept in der Werft.

Mitten im Saal steht auf dem Plastikparkett, eingefasst mit dem Rest einer Teppichbordüre, der knapp drei Meter hohe Stumpf eines Platanenstamms. »Den hamwer hier irgendwie reingetragen«, sagt die Bedienung, die nicht viel älter als die Wende sein kann und drum zur Zeit der Flut und der großen Renovierung danach wohl noch ein Schulkind war. Zwölf Jahre ist das Hochwasser her – und noch immer null Patina, der Laden sieht aus wie der Showroom eines Praktiker-Baumarkts.

Radio Paradiso Brandenburg hat für diesen Moment »Another Day in Paradise« ausgesucht – ein Song, den ich schon zu Schulzeiten unsäglich fand. Ein Reiher fliegt an den Panoramafenstern und den immergrünen Plastikfarnen vorbei. Weil ich vor lauter Stechmücken nur noch um mich schlage, die Serviette schon Blutflecken hat und Paradiso-Musik und Werbejingles mir auf den Sender gehen, beschließe ich, im Hotel-Restaurant Werft nicht zu schlafen – trotz der hübschen, für ein Liebesabenteuer oder einen Paddelurlaub nahezu perfekten Lage. Nicht heute. Zum Abschied fege ich unwillentlich mein Weinglas vom Tisch und bekomme unverlangt die Rechnung. Phil Collins ruft mir hinterher: »Can you help me? It's cold and I've nowhere to sleep, Is there somewhere you can tell me?«

5

Guben bei Gubin:
Tod in Scheibchen

Immer, wenn man von vorpommerscher oder brandenburgischer Seite nach Polen kommt, gewinnt man den Eindruck, dass das Leben erwacht. Auf deutscher Seite sind Straßen und Plätze wie leer gefegt, Verelendung, wohin man sieht: keine Blumen, kein Gemüse in den Gärten, keine Großmütter, die vor den Häusern sitzen und Bohnen schneiden. Selten Kinder. Und statt jener Geschäfte, die Menschen doch eigentlich zum Leben brauchen – Fleischer und Bäcker, Blumenläden, Friseure, Schuhgeschäfte, Kneipen und Cafés –, sieht man vor allem das, was doch an sich ziemlich überflüssig ist: Wettstudios und Erotik-Shops, Autohändler, Videowelten und Schnellrestaurants. Drüben in Polen dann, gleich hinter der Grenze, verjüngt sich das Leben schlagartig. Ist vor allem mehr Leben: Teenager bevölkern die Straßen, alte Frauen verkaufen Pilze und Rote Rüben, Friseure schnippeln im Sommer schon mal im Freien, es wird geflirtet, geprahlt, gezankt. Auf Märkten, noch immer vor allem aufs deutsche Publikum ausgerichtet, gibt's Kuckucksuhren und Weihwasserbehälter, Brot, Zigaretten, Schuhe und Schnaps. Auch dieses Land haben viele Menschen verlassen – um zu studieren, um mit Geld aus Deutschland oder England ihre Familien zu ernähren. Doch ausgeblutet wie der Osten Deutschlands ist es nicht. Dass Polen keinen Westteil hat, der die Jüngeren, Klügeren, Aktiveren anzieht wie die Motten das Licht: Fürs Land mag dies auch ein Vorteil sein.

»Guben, eine Stadt im Aufbruch«, heißt es offiziell. Doch passiert man das Ortsschild dieser Stadt an der Grenze zu

Polen, so gewinnt man den Eindruck, es sei den Verantwortlichen im Rathaus ein Rechtschreibfehler unterlaufen: Abbruch scheint plausibel. Guben wirkt, als sei die Stadt nichts als ein trauriger Rest. Der Jugendclub wirkt sowieso wie ausgestorben, aber auch der Tod, hier sonst ein Publikumsmagnet, der an sich einzige, macht Pause, die Leichen des Ortes sind derzeit nicht zu besichtigen. In dem gottverlassenen Nest hat der geschäftstüchtige Leichenpräparator Gunther von Hagens mit seiner Kassenknüller-Kombi »Anatomiewerkstatt und -museum« Basisquartier bezogen, baut derzeit angeblich aber um. In einem lang gestreckten Klinkerbau an der Poststraße, einst eine Wollfabrik, wurde bis vor Kurzem der Blick auf in Scheibchen geschnittene oder ganze Tote verkauft. Und den Leuten in dem sterbenden Industrienest war es nur recht, als von Hagens vor einigen Jahren mit diesem Geschäft hierher zog: Arbeitsplätze erhofften sie sich vor Ort. Die Proteste, die dem Anatomen sonst überall in Deutschland entgegengeschlagen waren, gab's hier nur ganz zaghaft und leise. Sie kamen gegen die Hoffnung nicht an: Mehr als 700 Menschen bewarben sich bei der Eröffnung; sie alle waren bereit, an toten Menschen herumzuschnippeln, das Wasser in ihren Körpern durch Kunststoffe zu ersetzen, sie in Stücke zu sägen. Wer in Guben bleiben mag, hat auch kaum eine Wahl.

Mittlerweile allerdings wurden von den 130 Angestellten schon wieder knapp 70 entlassen, und jetzt wird also »umstrukturiert«, nächsten Mai soll es »interaktiv« und mit einem »Verkaufsschauraum« weitergehen, was immer das in diesem Falle heißen mag. Doch gibt es Stimmen, die dies bezweifeln, die glauben, dass von Hagens das Land verlässt. Auch eine Alte, die mich vor dem Schild Notizen machen sieht, winkt ab. »Das wird nichts mehr«, sagt sie und hinkt weiter. »Können Sie vergessen.«

Ich gehe durch die Berliner Straße, die Hauptverkehrsstraße der einstigen Hutmacher-Metropole, der die Kriegsfront ins Handwerk pfuschte; die Hutfabrik wurde zur Reparation abgebaut. Die Melodie eines Liedes kommt mir in den Sinn: »Maikäfer flieg! Der Vater ist im Krieg, die Mutter ist im Pommerland ...« Guben war Frontstadt. Fast 90 Prozent des alten Gubener Zentrums – Bürgerhäuser, Renaissance-Rathaus, Hauptkirche – wurden zerstört. Was die Kämpfe überstand, wurde später von den Polen abgebrannt wie Pommerland. Der Rest des Zentrums liegt heute jenseits der Grenze zu Polen und heißt Gubin. Guben auf deutscher Seite ist also nicht mehr als ein Überbleibsel. Das fröhlichste hier, so scheint es, ist das Plakat mit der Anti-Aids-Werbung.

1999 wurde die Stadt einmal auch überregional wahrgenommen. In einer Februarnacht dieses Jahres starb der algerische Asylbewerber Farid Guendoul auf der Flucht vor rechtsradikalen Jugendlichen. Er trat eine Glastür ein, verletzte sich schwer und verblutete. Der 28-Jährige hinterließ eine schwangere Freundin. Ein Fall, der als die »Gubener Hetzjagd« im öffentlichen Gedächtnis blieb – den die NPD aber heute als »Klamotte« bezeichnet. Der verurteilte Rädelsführer von damals wurde nun sogar für die nächste Kommunalwahl aufgestellt; er möchte Stadtrat von Guben werden und in den Kreistag Spree-Neiße einziehen. »Ausländerunfreundlich eingestellt« seien die Menschen auf dem Gebiet der einstigen DDR, sagt auch der Präsident der Volkssolidarität, die das Thema einmal mehr untersucht hat. Man kann auch sagen: Sie benutzen das A-Wort auch als Synonym für alles Böse schlechthin und als Aufruf zur Hatz. Am stärksten seien Vorbehalte bei Arbeitslosen, Älteren und den Bewohnern der Grenzregion zu Polen und Tschechien. Nur zwei Prozent der Menschen in Ostdeutschland sind nämlich keine Deutschen – und die Bereitschaft, diese zwei von hundert für alles zu hängen, was bei den restlichen 98 Prozent schiefläuft, ist groß. In Berlin lebende Ausländer wissen von der Xenophobie des Ostens ein Lied zu singen: An die See oder nach Brandenburg zum Baden trauen sich Menschen nichtdeutscher Herkunft, wenn überhaupt, nur in größeren Gruppen. »Ich bin doch nicht lebensmüde«, sagt mir eine befreundete Architektin, deren Eltern aus der Türkei stammen, und einem Deutsch-Spanier, der in der sächsischen Provinz als Steuerberater arbeitete, wurde so oft das Auto demoliert, bis er entnervt nach Berlin zog.

Schlecker rollt die Ständer mit Plastik-Clogs, Blumen- und Radieschensamentütchen rein. Ich sitze im sogenannten Bistro einer Bäckerei, aber eigentlich nur, weil ich die Landkarte ausbreiten will, um zu schauen, wie es weitergeht. Gaststätten, Cafés sind auf Reisen die kleinen Pausen im Tag, Orte, an denen man ein wenig zu sich kommt. Wo man, wie es die Indianer dachten, auf die Seele wartet, die dem Reisenden langsam hinterherfliegt. Die Bäckereikette Dreißig hat hier ihren Hauptsitz und bietet wohl verlässlichere Arbeitsplätze als der Leichenpräparator. Gleich am Ortseingang von Guben hatte ich die Halle mit dem roten Logo gesehen. Hier, in der City-Filiale, sitzen ein paar Einheimische. Ein Rentnerpaar mit desillusionierten, kleinmütigen Gesichtern und ein unförmiger, etwa vierzigjähriger Mann im quer gestreiften Hemd, die langen Haare ins Gesicht gekämmt. Dann noch zwei langhaarige junge Frauen, schlank mit Fransenschnitt: eine pechschwarz, die andere rotweinrot, schon ein Stück rausgewachsen. Die beiden haben Fingernägel, denen man ansieht, dass ihre »French Manicure« Stunden kostet. Und auch die Bedienung, die hinterm Tresen steht, nichts tut, den Kopf gesenkt, scheint viel Zeit zu haben. Eine Vollblut-Servicekraft.

Die Dreißig-Filiale mit den schilfgrünen Wänden und den mit rotem Leder (oder ist's Kunstleder?) bezogenen Bänken befindet sich im selben Haus wie die Lokalredaktion der *Lausitzer Rundschau*, und gemeinsam bilden die beiden Läden, so meine ich zu spüren, das Herz der Stadt:

Hier ist das Zentrum. Täglich Zeitung, täglich Brot. Das Sahnehäubchen auf der Deko-Attrappe des »Sanften Engels« in der Kuchenauslage, hinter der die Bedienung steht, sitzt etwas schief. Ich versuche, aus der Ferne ein paar Überschriften zu entziffern: »Graffitisprüher auf frischer Tat ertappt«, »Griechische Landschildkröte gestohlen«, »Fahrrad aufgetaucht«. Allen hier gelingt es, so zu tun, als sei ich nicht da. Als die Bedienung auch nach zwanzig Minuten noch nicht an meinen Tisch kommt, koche ich innerlich und bocke nun ebenfalls: Ich bin nicht bereit, einen Mucks zu sagen. Und so grüßt mich beim Gehen nur der Slogan der Brötchenkette: »Das täglich kleine Glück.«

Auf der Straße rempelt mich, fast als sei's Absicht, eine Frau mit gelben Haaren an. Als ich mich entschuldige, glotzt sie bloß unverhohlen, schüttelt den Kopf und schlappt weiter. Ich denke an den Dresdner Historiker Arnulf Baring, der nach dem Ende der DDR sagte: »Das Regime hat fast ein halbes Jahrhundert die Menschen verzwergt, ihre Erziehung, ihre Ausbildung verhunzt.« Baring hat für diesen Satz viele Prügel bezogen. Hatte er trotzdem recht? Ein Junge, vielleicht dreizehn oder vierzehn, geht mit einem Kampfhund spazieren, dessen Nietenhalsband aussieht wie ein Morgenstern, und ein paar Jugendliche hocken auf der Lehne einer Bank und pöbeln herum.

Ich nehme mir das nächstbeste Zimmer einer Pension. Die klapperdürre, schmalllippige Wirtin in Polyamid erwidert keinen Gruß, sie fragt, als sie öffnet, nur: »Ja?« Meldeschein, Ausweis, Unterschriftenkontrolle und ein kleines Verhör, dann bekomme ich einen Schlüssel. Die Wirtin ist vorsichtig. Und sparsam: Es kann nur ein Energiespartrick sein, in höchstens jede zweite Wandlampe (in Tütenform, Glas mit Messing) auf dem langen fensterlosen Flur eine funktionierende Birne einzuschrauben. Auch über meinem Bett und über dem Badezimmerspiegel funktionieren die Lampen nicht. Dafür hängt gut sichtbar ein Fluchtplan an der Wand. Es fehlt nicht viel, und ich nehme Reißaus beim Anblick der mit Usambaraveilchen vollgestellten Rauchglasregalborde und ihrer Messingfüßchen, die sich in den PVC-Boden drücken. Gegen neun Uhr abends fühlt es sich hier an wie mitten in der Nacht.

6

Teupitz im Schenkenländchen:
Wohnen auf Weltniveau

Am nächsten Morgen verschlafe ich, und als ich beim Frühstück sitze, steht die Wirtin neben mir, blickt auf die Uhr
und den Strassbesatz ihrer Fingernägel und fängt dann an,
um mich herum schon mal abzuräumen: die Kaffeekanne,
den Behälter mit Tischabfällen, den Brotkorb. »Frühstück
bis neun«, hatte sie noch am Vorabend gesagt, als sie mich
eingewiesen hatte in die Handhabung und Säuberung der
Dusche und anordnete, die Fenster geschlossen zu halten,
»wegen der Mücken«, nicht jedoch die Toilettentür, »wegen
der Feuchtigkeit«. Nun also ist es schon zehn nach, und ich
nippe noch immer am Filterkaffee, ein halbes Brötchen
liegt auf meinem Teller. Kaltes Schweigen. Die Luft ist ge-
schwängert von den Nicklichkeiten und der Bitterkeit dieser Frau. Erst als ich bezahle, spricht sie wieder, legt einige
gelb geräuchte Zähne frei und sagt, als ich frage, wie das
Geschäft laufe, einen Satz, von dem ich nicht weiß, wie ich
ihn verstehen soll: »Man hatte ja in den Jahren viel Men-
schenkontakt, da hat man Eindrücke bekommen.« Aha.

Vielleicht bilde ich es mir ein: Es riecht schon ein wenig
nach Polen und auch nach Briketts, nach Öfen, die man im
Frühjahr kurz noch einmal anwirft, wenn es morgens noch
frisch ist oder man am Nachmittag zu lange im T-Shirt
draußen war, jedenfalls riecht es nach Osten – ein Geruch,
den ich in Berlin nur noch selten wahrnehme. DDR-braun
und schmuddelig sind die Häuser am Wegrand und zwischendurch WC-Stein-grün. Unterwegs sehe ich gleich zwei
Dachstühle, die komplett abgebrannt sind. Bei einem weiß

verkleideten Haus hängt die Isolierpappe in Fetzen über die Reste der Hauswand, und auf der Ruine der Veranda baumelt noch ein Plastikpapagei in seinem Ring. Kronkorken liegen auf dem abgetretenen Rasen. In der Nachbarschaft steht eine Frau am Fenster und beobachtet mich. Sind die Verhältnisse hier so bedrückend, dass die Menschen nach Auswegen suchen, die ihnen anderswo im Traum nicht kämen? Oder brennen die in DDR-Jahrzehnten gebauten Billigheime mit ihren formaldehydverseuchten Balken, Dämmstoffen und Asbestplatten schlicht wie Zunder, fangen Feuer beim kleinsten Funkenflug?

In diesem Moment fällt mir etwas auf, was mir schon jahrelang immer wieder ins Auge gestochen war, in Ostdeutschland, aber auch in Polen und in der Tschechischen Republik usw. – ich hatte dies nur noch nicht in Worte gefasst, für mich nicht als offensichtlichen Unterschied zum Westen formuliert: die Schilder. Sie stehen und hängen eigentlich überall im öffentlichen Ost-Raum. Es sind ohne jedes grafische Geschick gestaltete, dafür oft mit Rechtschreibfehlern gespickte Werbe- und Hinweistafeln in schreienden Farben, Angebote, Aufforderungen, Firmennamen und Geschäftsbezeichnungen. Wo jeder Euro gebraucht wird, vermieten die Menschen ihre Vorgärten an andere, die dafür ein bisschen etwas bezahlen. »Miami-Disco's 7 Erlebnisbereiche«, »Mode-Shop«, »Deutsche Küche Lindeneck«, »Top Ausbildung: PKW Krad LKW«, »Ursel's Schönheitsfarm«: Wer wohlmeinend ist, sieht in der Ungelenkigkeit solcher Botschaften, die irgendwie aus der Zeit gefallen scheinen, etwas Rührendes. Man kann jedoch auch finden, dass die großen, hässlichen Schilder alles billig machen: Ganze Land- und Ortschaften, die Dörfer noch schlimmer als die Städte, bekommen durch sie etwas sich ständig Anpreisendes, etwas irgendwie Hurenhaftes.

Cottbus, die zweitgrößte Stadt Brandenburgs, wäre als Ziel heute naheliegend. Irgendwann einmal wollte sich Cottbus eigentlich mit »K« schreiben. Weshalb auch das Kott-busser Tor und der Kottbusser Damm im Berliner Stadtteil Kreuzberg – der unter anderem deshalb bekannt wurde, weil hier angeblich die deutsche Variante des türkischen Döners erfunden wurde – mit »K« geschrieben werden. Die Cottbusser beließen es dann doch lieber beim »C«. Das Stadtarchiv von Cottbus allerdings beweist: Es ist nicht damit zu rechnen, dass es dabei lange bleibt. Kleinere Umbenennungen sind geradezu ein Steckenpferd dieser Stadt. Schriftlich überliefert wurden angeblich mehr als 130 Schreibweisen. Darunter Godebutz, Chotibus, Kotwos oder Godabuss, aber auch so besonders schöne Versionen wie Kukubuzl. Bei mir hätte die Stadt mit diesem Namen sofort einen Stein im Brett. Sie heißt jedoch Cottbus, und wenn auch nicht deshalb, so beschließe ich doch, zu-nächst einen ordentlichen Umweg zu machen: Ich will Teu-pitz sehen, ich brauche etwas Schönes, etwas fürs Herz. Ich habe mir vorgenommen, einen soliden Querschnitt zu liefern. Das graue Alltagsland, aber eben auch die Vorzei-georte. Ich will versuchen, mit den Augen einer Fremden zu sehen: Ich stelle mir vor, was ein Japaner, ein Österrei-cher, ein Italiener sieht, wenn er sieht, was ich sehe, ganz klassisch.

Teupitz hat 1800 Einwohner, eine der kleinsten Städte Deutschlands und wirklich nur auf dem Papier eine Stadt. Hier sitzt die Verwaltung von Amt Schenkenländchen, wie das Gebiet historisch auch hieß. Und es ist tatsächlich ge-nauso hübsch wie der Name, bei dem ich mir vorstelle, wie nett doch Zeiten gewesen sein müssen, in denen man auf die Idee kam, sich gegenseitig und einfach so ein Ländchen zu schenken. Ich überquere einen schönen, jedoch ver-schlossen wirkenden und gespenstisch verwaisten Platz. Im Anflug auf Schönefeld donnert ein Ryan-Air-Flieger über mich hinweg. Dann jedoch sehen der Japaner, Österrei-cher, Italiener, in die ich mich hineinzuversetzen versuche:

blauen Himmel, tiefblaues Wasser mit wirklich entzückenden Kräuselwellen, Schilf, das sich im zarten Frühlingswind wiegt, am Ufer einen Mann, der zwei Sechserpack Mineralwasser und eine ältere Dame mit Strassbesatz auf der T-Shirt-Brust – ich vermute: seine Mutter – in sein Ruderboot hievt. Ich vermute: Die beiden sind auf dem Weg zum Eggsdorfer Horst, die Insel vis-à-vis. Im Schilf streiten sich zwei Enten. Ein Junge steht neben den parkenden Autos, hat sein Mountainbike ins Gras geworfen und pisst in die Rabatte.

Der Teupitzsee ist ein ziemlicher Bilderbuchsee. Einer von über 3000 Seen, die zum Bundesland Brandenburg zählen. Mehr als 3000 Seen! Die 2,5 Millionen Einwohner des Landes sind damit wirklich reich gesegnet – gerade mal gut 800 Brandenburger müssen sich einen See teilen und können deshalb gut und gern alle gleichzeitig baden gehen. Zum Vergleich: Die Menschen in Nordrhein-Westfalen drängeln sich mit über 7000 Kollegen um jeweils einen See, und es kann nicht gesagt werden, dass die West-Seen größer wären als die Ost-Seen. Gar nicht. Brandenburg also ist, dies nur nebenbei, zumindest in puncto Wasser ein privilegiertes Bundesland.

Dicht am Wasser steht eine Villa, die mir klarmacht, dass eine Steigerung dessen möglich ist, was ich an Märchenschlössern aus Zeichentrickfilmen von Walt Disney kenne. Knallrot, mit gleich mehreren Türmen, Gipslöwen und Säulen rechts und links des Eingangs, das Kopfsteinpflaster davor kunstvoll in Kringel gelegt und Fensterchen, in denen jeden Moment Rapunzel auftauchen könnte – okay: fast. Auf den zweiten Blick stören die DDR-Bungalows mit ihren terrassengroßen Satellitenschüsseln in der Nachbarschaft, der frische Rollrasen hinter dem mit glänzend schwarzen Spießen und anderem Schnickschnack verzierten Zaun und eine Eingangstür, wie man sie morgens oft aus der Zeitung schüttelt, auf den Werbeprospekten der Baumärkte.

In der Villa am Wasser lebt nicht der Arzt oder Apotheker der Kleinkommune, auch kein Makler, der sich selbst die Sahneschnitte am Strand unter den Nagel gerissen hätte. Hier wohnt, wenn ich das Werbeschild am Haus richtig interpretiere, ein Fachhändler für TV-Geräte: zu Geld gekommen ganz offensichtlich mit Fernsehern.

Das Auto in der Einfahrt ist gerade unterwegs, aber man stellt sich hier etwas vor, was sehr viel (also ein SUV oder Geländewagen) oder sehr wenig Abstand zur Straße hat (also tiefer gelegt oder ordentlich sportlich). Dafür vielleicht ein paar Auspuffrohre mehr, getönte Scheiben und eine aufgeregt blinkende Diebstahlsicherung. Es ist ganz klar: In diesem Haus stehen auch, nur unter anderem: eine superduper Kaffeepadmaschine, der Mercedes unter den Heimtrainern, eine große Eckbadewanne, die auch als Whirlpool dient, ein riesiger Flachbildschirm, respektive gleich mehrere davon, hier wohnt schließlich jemand vom Fach. Hier also wird West-Leben zelebriert. Besser: ein Abziehbild des Lebensstils der erfolgreichen, körperbewussten Menschen, die Schönheitsoperationen selbstverständlich finden, zur Kernzielgruppe des Hightech-Grills »BBQ-Comfort-Plus Jamie-Oliver-Edition« zählen und die sich wegen so etwas wie Kultur, Umwelt usw. nicht unnötig den Kopf zerbrechen. Wendegewinnler und Leute, für die der Mercedes SLK erfunden wurde, Typen, die jeden Münchner Immobilienmakler, jeden Frankfurter Anlageberater in Sachen Stromlinienförmigkeit ganz locker in die Tasche stecken.

Diese falsche Villa ist keine Ausnahme. Überall an den Ufern der Seen, an den Wald- und Stadträndern und auch überall sonst zwischen Ahrenshoop und Zittau finden sich solche Bausünden in unpassender, viel zu greller, sich aufspreizender und oberpeinlicher Farbigkeit – Häuser aus Bausparprospekten, von denen man sich beim besten Willen nicht vorstellen kann, dass sie jemandem irgendwann ein Zuhause werden, weil sie so völlig unbeseelt sind. Immer wieder stehe ich davor und denke, dass ein Zuviel an Geld oft viel schlimmer ist als ein Zuwenig. Hätte man doch einfach nur nichts gemacht.

Es gibt eine typisch polnische, eine typisch ungarische Architektur, eine bayerische, eine norddeutsche. Eine ostdeutsche gibt es nicht. Stattdessen wird auf dem Gebiet der ehemaligen DDR wild gemischt: Skandinavienhäuser stehen neben österreichisch anmutendem Rustikalkitsch hinter Geranienwäldern, kanadische Blockhäuser neben solchen schlossartigen, mit Türmchen und Erkern protzenden Kleinvillen in Leucht- oder Pastellfarben. Auch einen Steinwurf neben dem feuerwehrroten Cinderella-Schloss des Fernsehfritzen, dieser Haus gewordenen Geburtstagstorte am anderen Ende des sandigen Weges, steht eine ähnliche Bausünde vermutlich unmittelbar bevor. Auch hier werden – in 1A-Uferlage – das halb Verfallene und das Neureiche besonders hart aufeinandertreffen, man ahnt es schon: An zwei grauen Häusern, vor deren bröckelnden Fassaden trockenes Gestrüpp wuchert, deren Briefkästen verbeult sind, die Fensterlöcher vernagelt, lockt die Immobilienfirma mit Transparenten: »Exclusives Wohnen direkt am Wasser.« Das altertümliche und heute falsche »c« anstelle eines »k« will sagen: Schicker geht es nicht. Das hier ist wirklich Wahnsinn. Unter dem Schild liegt eine Flasche in Scherben.

Das Teupitzer Hafen-Café hat geschlossen, das Strike Bowling finde ich nicht. Davor, in die Schenk von Landsberg einzukehren, schrecke ich zurück. Ich gehe hier nur kurz auf die Toilette, die nach dem gleichen Desinfektionsmittel riecht, das einst unsere Putzfrau im Büro verwendete: grüner Apfel. Den Ausschlag dafür, dass ich nicht hier esse, geben mehrere Dinge: a) der Name, b) ein vergessener Werbe-Osterhase, aufgeblasen auf gut 3,50 Meter Höhe, weit sichtbar grüßt er die Straße hinab, und c) vor allem der heimliche Blick auf den Teller eines im Garten sitzenden Gastes. Die Empfehlung im Aushang (»Kalte Schnauze: Butterkeks mit Soße«) hätte mich vor dreißig Jahren vielleicht sogar glücklich gemacht. Heute nicht.

Dafür bietet das Hotel-Restaurant etwas, was mich auf neue, ganz andere Gedanken bringt und sofort Ungeduld in mir keimen lässt: einen Shuttle-Bus zum Badeparadies Tropical Island.

7

Palmen in Brandenburg:
Wellness zum Wegrennen

Europas größtes tropische Badeparadies, sechzig Kilometer südöstlich von Berlin in den märkischen Sand gesetzt, sieht aus wie eine riesige Butterdose und glänzt in der Sonne: das Tropical Island, der Einfachheit halber kurz: TI.

Licht überschwemmt die Straße, deren Holperpflaster von früheren Zeiten kündet. Kilometerweit wird sie von einer Allee gesäumt, bevor ein paar mickrige Palmbüschel die Eichen ablösen. Dann: Parkplätze bis fast zum Horizont. Die Mega-Butterdose ist die weltweit größte freitragende Halle und hat einen Eingang. Dahinter verbergen sich eine Menge Dinge, die man nicht erwartet, jedenfalls nicht in Brandenburg: eine Tropenlandschaft samt komplettem Regenwald. Mit einem Schildkrötenasyl für Schildkrötenwaisen aus der Region. Bekanntlich sind Schildkröten recht langlebig. Da die Tiere in der Regel spätestens mit der Pubertät ihrer Besitzer etwas lästig werden, hat sich das TI als Asyl für sie etabliert. Was nett ist, vor allem auch für die Schildkröten. Außerdem gibt es ein fast originalgetreues Tropendorf (mit Originalbauten aus Thailand, Borneo, Samoa und Bali), Wellblechhütten über der Lagune (mit folkloristisch anmutenden Lumpen auf der Wäscheleine), jede Menge Souvenirläden, in denen es Sachen gibt wie Halsketten aus kleinen Südseemuscheln oder Rucksäcke mit Urmel-aus-dem-All-Motiv. Es gibt eine balinesische Lagune (Wassertemperatur 32 Grad, Fontänen, Strömungskanal, Wasserfall), einen recht langen koksweißen und acht Meter breiten Sandstrand vor einem als »Südsee« bezeichneten blauen Riesenplantschbecken (4 400 qm, Wassertemperatur 28 Grad) und Menschen, die auf Liegestühlen sitzen und sich die Fußnägel schneiden.

Die Halle, also deren Skelett, ist gut sichtbar, die Illusion einer Urlaubsinsel zumindest also beim Blick in den Himmel gestört. Doch wer schaut schon in den Himmel, wenn er an der Südsee sitzt? »Männer«, sagt der TI-Pressesprecher. Denn Männer faszinierte die gigantische Kuppel, »die dürfen wir also gar nicht verstecken«. Und, für das mehrheitlich ostdeutsche Zielpublikum offensichtlich nicht unwichtig, denn fast jeder hier sieht aus, als habe er etwas zu lang in der Sonne gesessen: Man wird sogar braun darunter, die Haut der Halle lässt UV-Strahlen passieren. Dass allerdings manche Badegäste mit großen Flaschen Sonnenmilch anrücken – ich registriere Faktor 25 und höher – und sich gegenseitig den Rücken eincremen, scheint mir auch etwas übertrieben. In Brandenburg, im Mai!

Auf der acht Fußballfelder großen Fläche unter der Mega-Butterdose drängeln sich die Superlative: der erwähnte weltweit größte Indoor-Regenwald, Deutschlands höchster Wasserrutschen-Turm, Europas größte tropische Sauna-Landschaft – und zwar mit Tempelanlagen. Vor allem jedoch und keinesfalls zu vergessen: Hier herrschen angenehme 29 Grad im Schatten und das rund um die Uhr, Wellness-Temperatur 365 Tage im Jahr.

Der Gast betritt die Halle, bezahlt 25 Euro, schließt Schlüssel, Geld und Handy ein, zieht sich aus und legt gleich los. Ohne falsche Scheu lassen sich Menschen am Strand und vor Tempeln fotografieren. Kinder sitzen mit Nintendo-Konsolen auf Bastmatten. Männer (und, ja, auch Frauen) strecken ihre Bierbäuche in Richtung Hallendecke, umarmen ihre Plastikhaifische, während sie durch die Südsee paddeln, oder sitzen mit Blumenketten garniert in Polohemden, die überm Bauch spannen, vor dem Thai-Haus und schlürfen durch Plastikstrohhalme bunte Cocktails. Bei einem Mädchen denke ich, »oh, oben ohne geht hier auch«, bis ich sehe: Es ist nur ein etwas dickerer Junge. Die meisten Kinder allerdings sind im TI etwas separiert, sie werden im Tropino Kinderclub (drei Euro extra) abgegeben und dort betreut. Sie spielen dann im Powerpaddler-Bootsbecken Kapitän oder dürfen Urmel und Mama Wutz treffen: »Mama Wutz und Urmel freuen sich, dass du da bist«, verkündet auch ein auffälliges grünes Schild am Eingang des Kinderclubs.

Vor der Wayang-Bühne sitzt eine Frau, von der ich zu behaupten wage, dass sie haargenau so aussieht wie die zu einiger Berühmtheit gelangte Wuchtbrumme Cindy aus Marzahn. Das ist jene selbst ernannte Spezialistin in Fragen künstlicher Erblondung, die einst Köchin im Volkseigenen Betrieb – also VEB – Wälzlagerwerk Luckenwalde war und von der die Zeitung *Die Welt* schrieb, sie sei »der Kugelblitz am deutschen Comedyhimmel«. »Cindy« (ich will sie nun doch lieber in Anführungszeichen setzen, am Ende bekomme ich sonst noch Ärger mit ihrem Management) trägt ein schwarzes XXL-T-Shirt mit dem Aufdruck »Kleines Teufelsweib«.

Ich will in den Tropen auch etwas für die Gesundheit tun. Die Brandenburgerin mit dem mehrfarbigen Bürstenschnitt, die an der Infotheke des Wellnessbereichs arbeitet und heftig nach Zigaretten riecht, kann mich nicht abhalten, obgleich sie mir auch nicht ansatzweise den Unterschied zwischen der Wirkung eines Kaffee-Körperpeelings, einer Diamant-Joghurt-aus-Afrika-Packung und einer Anwendung mit Mineralerdeschlamm aus dem Toten Meer erklären kann. Sie ist jedoch fest davon überzeugt, der ganze Schnickschnack sei »gut fürs Relaxing und die Haut«, so oder so. Nackt sitze ich mit fremden Menschen auf gefliesten Hockern in einem Dampfraum, der von außen mit Gips oder Ähnlichem verkleidet ist (es soll wohl aussehen wie eine Grotte). Die Wellness-Info-Bademeisterin, deren Rauchgeruch nun ziemlich penetrant den heißen Raum erfüllt, drückt jedem von uns einen Plastiknapf mit Schlamm in die Hand und erklärt uns in sehr ernstem Ton und komplett in der dritten Person Singular die einzelnen Phasen der Wellness-Session: Einreiben, Einwirken, Relaxen, Abduschen. Um sieben sind unter anderem folgende Körperteile tadellos samtig weich: Po, Hände, Schienbeine, komischerweise sogar die Fußsohlen, die vom Schlamm gar nichts abgekriegt haben. Die Bademeisterin also hatte nicht zu viel versprochen, als sie uns den »super Peelingeffekt« ankündigte.

»Nu, was willste, Andy? Brötchen mit Ei und Coke?«, schlägt ein Vater mit Raspelschnitt und protziger Fliegeruhr seinem vielleicht Fünfjährigen im Südsee-Restaurant vor. Gerade noch rechtzeitig kann ich mir dort einen Platz für die große TI-Abendgala sichern: Auf der Insel in der Südsee, über die nun mal dreieckige, mal quadratische Kegel farbigen Lichts toben, tanzt und springt bereits die polnische Artistentruppe Ocelot. Feuerspuckapparate am Inselufer speien Flammen, Trompeten und Pauken vom Band treiben die Akrobaten vor sich her, und aus den Boxen donnern Kommentare, die den Bewegungen etwas wie Sinn geben sollen, beispielsweise: »Der Schamane entdeckt seine Tochter in den Armen eines fremden Mannes. Dabei geht er bis zum Äußersten.« Die Sprecherstimme donnert bedrohlich aus dem Off, und der junge sehnige Artist, der aus einer der TI-Fischerhütten schleicht und aussieht, als habe er graue Märchenwolle aus dem Waldorfkindergarten auf dem Kopf, macht Anstalten, den Liebhaber-Artisten der Tochter-Artistin zu erdolchen. Riesenapplaus. Als einer der Darsteller versucht, einen stilisierten goldenen Käfig auf der Bühne einarmig zu balancieren, gerät er aus dem Takt. Der Käfig kracht auf die Bühne. Raunen am Strand. Es stinkt nach Bier, eine letzte Erektion von Akkorden, die Show ist zu Ende. »Das war sie, unsere große Abendgala mitten in der Südsee!«, klingt es aus den Boxen, als die ersten Gäste schon wieder ins Wasser springen.

Ein Mann mit Ohrring am Nachbartisch – er kommt aus dem thüringischen Meiningen, entnehme ich dem Gespräch – trägt ein schwarzes T-Shirt und einen schwarzen Stoffbeutel. Auf T-Shirt wie Beutel prangt die Flagge Kubas. Seine nackte Wade ist tätowiert: Eine geballte Faust prangt auf ihrer Flanke. Der Meininger und auch die anderen am Tisch, wohl Inselbekanntschaften, trinken passend zum Aufdruck des Stoffbeutels Cuba Libre. An anderen Tischen fließt Bier in Strömen. Weil ich anfange, mich mit meiner Wasserflasche etwas komisch zu fühlen, und auch, weil ich finde, dass das nun dran ist, trinke ich den ersten Sex on the Beach meines Lebens. Der erledigt mich einigermaßen. Mein Zelt (Nummer 120) finde ich erst beim zweiten Anlauf: Hinter der ersten Klappe, deren Knebelverschlüsse ich aufknöpfe, liegt ein Stoffbeutel ohne Kuba-Flagge, dafür neben einem Handtuch von Coca-Cola.

Mein Tropenbad-Zelt ist ausgestattet wie folgt: Matratze, Spannbettlaken, Kopfkissen und leichte Bettdecke. Die TI-Werbebroschüre sagt an der entsprechenden Stelle: »Das nächtliche Abenteuer in den Tropen kann beginnen.« 1 000 Menschen schlafen hier, nachtein, nachtaus. Die digitale Uhr über der Lagune zeigte 1 Uhr 38, als ich auf der Suche nach einer Toilette die halbe Halle durchquere. Im knielangen geblümten Nachthemd stolpere ich zwischen den Nachtlagern der Besucher hindurch durch den tropischen Regenwald. Und ungelogen: Zwei Kleinkinder mit Eimer und Schäufelchen sitzen am Strand. Erwachsene haben sich in Wolldecken mit Leopardenmuster und in Tigerfell-imitatdecken gewickelt und schnarchen leise neben leeren Cocktailbechern. Zwei räkeln sich auf einer Jumbo-Luftmatratze. Und auf der Veranda eines dieser Ferienhäuser im Südstaaten-Look sitzen die Bewohner und feiern mit Rotkäppchensekt ihr Privilegiertsein gegenüber jenen, die im Sand schlafen müssen. Als ich endlich zurückkehre, dringen aus einem der weißen Zelte in meiner Nachbarschaft Töne, die ich lieber nicht hören möchte.

In sogenannten Erlebniseinrichtungen – Läden, die eher so tun als ob, als dass sie etwas sind – komme ich mit der Zeit so schlecht drauf wie sonst nur selten, birgt ihre Existenz doch die Idee, dass die Wirklichkeit in Wirklichkeit nicht geeignet ist, um darin fröhlich zu sein. Man geht dort ganz offensichtlich auch davon aus, dass die menschliche Wahrnehmung sehr eingeschränkt ist und wir uns ein X für ein U vormachen lassen – von einer Plastikpalme Tropen, von einer Riesenrutsche das Glück. Was ich nicht anders verstehen kann als eine unverschämte Beleidigung. Ich gebe es also gern zu: Ich habe Vorurteile, das TI bestätigt sie, und ich bin froh, als sich die Tür der Butterdose hinter mir schließt. Allerdings: Sollte die mit Sonnenkollektoren aufgeheizte Halle es verhindern, dass täglich ein paar hundert Sachsen, Brandenburger und Berliner mehr in die richtigen Tropen fliegen oder auch nur nach Mallorca, so will ich lieber still sein. Aus dieser Perspektive betrachtet halte ich es nämlich für möglich, dass das TI so etwas ist wie ein großes ostdeutsches Ökoprojekt.

8

Luckau in der Niederlausitz:
Nackt in der Kleinstadt

Ortsschilder, die Luckaus historische Altstadt ankündig-
ten, brachten mich vom Weg ab und hierher. Eine gute
Stunde, nachdem ich die Butterdose verlassen habe, bin
ich schon da. Als ich jedoch vor Ort das Zentrum suche,
macht es mir dieses Nest nicht leicht. Es soll eine hübsche
Altstadt geben, darin etwa die größte Hallenkirche Brandenburgs und kostbare Bürgerhausfassaden. Die Georgen-
kapelle, ein spätromanisches Bauwerk und um 1200 fertig-
gestellt, nutzt man seit DDR-Jahren als Festhalle. Immerhin
steht sie noch, die Kapelle – anderswo hat Walter Ulbricht
einfach Tabula rasa gemacht mit schönen alten Sakralbau-
ten und sie abreißen lassen: Allein zehn Kirchen wurden in
Magdeburg gesprengt, neun in Dresden und dann, besonders spektakulär, 1968 die Universitätskirche St. Pauli in
Leipzig. Überall hat man Kirchen in die Luft gejagt, diese
hat sich durchgeschummelt und überlebt. Luckau, so ist
auch auf www.luckau.de unter der Überschrift »Look in
Luckau« zu lesen, zählt zu den bedeutendsten Orten der
neunundzwanzig »Städte mit historischen Stadtkernen« in
Brandenburg.[2] Nun aber muss ich dringend. Die Kiosk-Be-
sitzerin, an deren Bude öffentliche Toiletten angebaut sind,
hat ihre Augenbrauen zu drohenden schwarzen Balken ge-
malt. Wenn sie lächelt, wie jetzt, wirkt das, als würde sie

---

[2] Unter den neunundzwanzig befinden sich, falls Sie mal danach gefragt werden sollten, auch Potsdam, Uebigau-Wahrenbrück, Mühl-
berg/Elbe, Lübbenau/Spreewald, Lenze, Wusterhausen/Dosse und
die Angela-Merkel-Stadt Templin.

sich selbst widersprechen. Gegen fünfzig Cent händigt sie mir den Schlüssel aus. Zwei Zeitungen liegen vor ihr: *Neues Deutschland* und *Bild*. Andere Zeitungen verkauft sie nicht, sieht man ab vom Leib-und-Magen-Blatt der Ostdeutschen, der *SUPERillu*. Vor ihrem Büdchen sitzen ein paar Frauen und Männer bei Vormittagsbier und Kaffee. Als ich gehe, höre ich sie tuscheln: »Also ich merk, wenn ich 'nen Wessi vor mir habe. Allene schon vom Sprechen her.« Egal, ich drehe mich nicht um. Ich kann es ja auch verstehen. Sie tragen Jogginganzüge und T-Shirts mit Aufdruck, ich trage eine bunte Bluse zur weißen Jeans. Außerhalb Berlins ist fast jeder noch offensichtlich Ost oder West, hier sind die Codes noch dechiffrierbar, lange bevor einer den Mund aufmacht. Auch ich merke ganz deutlich mein Westsein, mein Fremdsein: Kleidung, Schuhe, was ich sage, wie ich's sage. Doch kann ich mich beschweren? Nein, schließlich funktioniert das Spielchen auch andersrum. Und sind's auch nicht diese Dinge an sich, die die eine Seite an der anderen mal irritierend, mal rührend, mal lächerlich findet oder unsympathisch. Sie sind vor allem Zeichen für eine Haltung, die man dahinter vermutet.

In Luckau war die LAGA 2000, die Landesgartenschau. Davon zehrt das Städtchen bis heute und schmückt sich mit einem etwas sperrigen Beinamen »Stadt im Grünen – mit historischem Stadtkern und interessanten Garten- und Parkanlagen«. »In ist, wer drin ist«, behauptet das Fit-in und sieht genau so nicht aus. Jede zweite Laterne wirbt für Veranstaltungs-Highlights: Kneipenfest in Lübben (schon vorbei) und Oldie-Disko (auch bereits Vergangenheit). Noch bevor stehen das Tulpenfest und die Niederlausitzer Leistungsschau. Letztere mit »Spartenmix von Industrie und Handwerk, Handel und Gewerbe, Umwelt, Tourismus und Heimatpflege«. Schade, dass ich nicht warten kann auf den Spartenmix und auf Remmi & Demmi, die Sachsenkönige, denn die kommen auch. Zehn Tage Luckau, da bin ich sicher, würden nicht nur mich an den Rand des Wahnsinns treiben.

Den Stadtkern finde ich dann aber doch noch. Ich bewundere alte Häuser in Rosé und Gelb, andere, in deren Dachrinnen noch das Gras und kleine Bäume wuchern, und einen an sich recht hübschen Marktplatz. Dem jedoch fehlt, was ihm vielleicht ein alteingesessenes Wirtshaus geben könnte. Oder eine Apotheke, aus der es klimpert, wenn man ihre Glastür öffnet, ein plüschiges Café, in dem Großmütter in Torten stochern, Blockflötenkinder, die aus den Fenstern einer Musikschule pfeifen. All so was gibt es nicht. Das Leben hier macht den Eindruck, irgendwie nicht mit sich selbst zurechtzukommen. Stattdessen verkauft die Bäckerei am Platz Schrippen, die Pomp Duck heißen, und Tim-Mälzer-Brötchen. Eine Wolke schiebt sich über die Sonne am sonst babyblauen Himmel.

Tristesse ist ein dünnes Wort für das, was ich sehe. Aufgedunsene Physiognomien unter Fransenlook. Menschen, die es schaffen, einen Hüftgürtel zu tragen, als sei's ein Patronengurt. Vielleicht nur deshalb, weil sie es nicht hinbekommen, wenigstens in homöopathischen Dosen ihre Sehnsüchte zu leben und sich trösten mit dem RTL-Nachmittagsprogramm und billigem Essen. Ohne jedwede Dezenz glotzen sie mich an. Und dann will mir plötzlich ein urzeitlicher Fahrer mit Plastikhütchen ans Leben. Sein dunkelgrauer Opel Astra kommt so lahm von hinten übers Kopfsteinpflaster angerollt, dass ich mich nicht sofort in Acht nehme. Dann aber tritt der Opa beim Einparken plötzlich voll aufs Gas, verpasst mich um knapp einen Zentimeter. Es klingt hysterisch, ist aber wirklich wahr: Ich kann nur mit Not noch zur Seite springen. In der Lücke dann hat es der Fahrer gar nicht mehr eilig, sondern bleibt hinterm Steuer klemmen, steigt nicht aus. Irgendwann öffnet sich die Scheibe ein Stückchen, er zischt aus dem Spalt: »Ich war 26 Jahre Fahrer auf der LPG.« Ein Satz wie ein Orden. Oder wie eine Waffe? Ein wirklicher Exzentriker, scheint mir.

Eine weißblonde Frau undefinierbaren Alters mit zusammengepressten Lippen, Jogginghose und Paris-Hilton-Sonnenbrille beobachtet alles, tippt sich an die Stirn, schüttelt dann hörbar den Kopf – nicht über den Opa, sondern über mich. Als Westlerin wäre ich hier vermutlich nicht nur in Jeans und Hemd erkennbar, sondern selbst im Schwimmbad. Das reicht, rechthaberisch – oder beleidigt? – die Schultern zu zucken und mich ganz offensichtlich abzulehnen.

In Fotostudios versammeln sich die Träume der Stadt. Liebespaare, Hochzeitspaare, junge Eltern mit Babys, Kinder mit Schultüten. Kaum ein Bild – sieht man ab von manchen Hochzeitspaaren und den Kindern – zeigt die Menschen jedoch komplett verhüllt. Man könnte fast sagen: Die spießigen kleinen Fotoläden in den Kleinstädten des Ostens sind die reinsten Porno-Schuppen. Hier interessieren sich zwar nur wenige für die Freiheit zu sagen, was man denkt. Der Gemeinde jedoch seine sekundären Geschlechtsmerkmale zu präsentieren ist überhaupt kein Tabu, schon eher: das Ziel. Da hat mal er einen nackten Oberkörper, natürlich tätowiert, er macht auf Beschützer. Mal ist sie oben ohne, dafür mehrfach gepierct. Sie sieht mit großen Augen an ihm empor. Mal umarmen sich beide nackt und nur zart von einem Schleier umwickelt vor dem Studio-Sonnenuntergang. Auf einem Bild, prominent gehängt, ist eine junge Mutter mit hochgestecktem schwarzem Haar, Strass-Glitter glitzert darin, nackt von hinten zu sehen. Ihre Tätowierung ist ein Schulterblattdiptychon. Ihre beiden angezogenen Kinder flankieren sie verkehrt herum, sodass die Kleinen in die Linse blicken: Baby links, Kleinkind rechts.

Ich gehe in Richtung Parkplatz. Bei Geschenkartikel-und-Lederwaren-Papillon gibt es »Reisetrolley's jetzt auch in tollen Sommerfarben«. Idiotische Plurale wie »Pulli's«, »CD's«, »Seelach's«, »T-Shirt's«, »Snack's« und logischerweise also auch »Reisetrolley's« auf Werbeschildern, über Cafés (»Café's«) und Bistros (»Bistro's«) sind keine rein ostdeutsche Angelegenheit mehr. Aber hier sind sie ganz normal. Auch das Wörtchen »samstag's« und Genitive wie den in »Petra's Sonnenstudio« wird man kaum so geschrieben finden, dass man schulpflichtige Kinder guten Gewissens mitnehmen könnte in den Osten, ohne ihnen die Augen zu verbinden.

Vom »Leseland DDR« war im alten Staat oft lobend die Rede. Auf einer Bank sitzt eine Frau mit Damenbart. Obgleich fast im Großmutteralter, trägt sie zum Sweatshirt Leggings und Buffalos, vor zehn Jahren mal in, wenn überhaupt, und blättert in einem Taschenbuch mit dem Titel *Sex*. Aus dem Stoffbeutel, der zu ihren Füßen liegt, kullert Leergut aufs Pflaster. Am Tischchen vor der Bäckerei wird ein Orangensaft umgekippt, und zwei Teenager in Rosa flanieren auf Plateauturnschuhen schon das zweite Mal vorüber. Man sieht, dass sie die Welt zum Kotzen finden. Ein kleines Mädchen an der Hand seiner Mutter gewinnt meine Sympathie, indem es den beiden laut hinterherruft: »Rosa ist eklig!« Dann schiebt es noch hinterher: »Du-uu, was macht eigentlich der Freddy?«

9

Cottbus an der Spree:
Avantgarde trifft Plattenbau

Ich hatte eine gute Nacht, ich war unter der Neonröhre meines Pensionszimmers nicht allein. Ein Eisbär aus Plüsch lag neben mir, Goldfische schwammen über den Bettüberzug, und auf dem Nachttisch saß Pittiplatsch, der Kobold aus dem Kinderfernsehen der DDR. Zum Frühstück bekam ich Cornflakes. Doch als der Tag beginnt, muss ich wieder erwachsen sein. Ich bin in Cottbus, und der Name dieser Stadt – die wie so viele eine einzige Ansammlung von Beton und Stahl, Pflastersteinen und Parkplätzen ist – ist kein Synonym für Paradies.

Doch vor dem Informations- und Medienzentrum der Universität falle ich auf die Knie. Vor mir das atemberaubende Gebäude des Architektenduos Jacques Herzog und Pierre de Meuron. Wie ein einziges Bauwerk eine Stadt zu verändern vermag! Zwischen all dem Gerümpel, das die DDR hinterlassen hat, den Nützlichkeitsarchitekturen der Westkonzerne, zwischen diesen ganzen das Land überziehenden Kaufland-Lidl-Fressnapf-und-Sparkassenbauten tut das hier einfach gut.

Die Herzog-de-Meuron-Bibliothek ist ein organisch geformter, amöbenhafter und über dreißig Meter hoher Bau, dessen durchscheinende Glashaut mit Schriftzeichen verschiedener Sprachen bedruckt ist. Ein bisschen, als wären die Buchstaben Eisblumen. Über 900 000 Bücher, Zeitschriften, CDs, Mikrofilme lagern hier, auf fast 8 000 Quadratmetern. Gegenüber liegt das 1969 fertiggestellte Uni-Hauptgebäude, ein buntes Fassadenfresko, wie es der Sozialismus so liebte, und zwischen den beiden Bauten eine viel befahrene Schneise, die Karl-Marx-Straße. Die elegante Glas-amöbe hat das recht triste Drumherum des neuen Biblio-thekstandorts in völlig neues Licht gerückt, hat die Per-spektive auf die Stadt verändert, macht vielleicht (hier will ich vorsichtig optimistisch sein), dass man sie auch ohne Narkotika ertragen kann. Dies alles passierte, so erfahre ich, trotz vieler Widrigkeiten: Immer wieder waren wohl während der Bauzeit die Mittel ausgegangen, aber die Schweizer Baumeister waren so nett und haben der Stadt trotzdem einen Platz auf der Weltkarte der Architektur ge-schenkt.

Im pink-grünen Innern dieser Bibliothek gibt's derzeit eine Ausstellung, und derentwegen bin ich eigentlich hier: »Entwerfen im System«. Eine Hommage an Wilfried Stall-knecht, jenen Architekten, der die historische Innenstadt von Bernau bei Berlin als »sozialistische Musterstadt« neu gestaltet hat. Er ist Architekt der meistgebauten Platten-bautypen der DDR, P2 und WBS 70. P steht für Plattenbau, WBS ist das Kürzel für Wohnungsbauserie. Hauptmerkma-le: geringe Verkehrsflächen zugunsten der Wohnfläche, Va-riierbarkeit der Wohnungsgrößen, variable Geschosszahl. Im P2 sind die Wohnungen um ein innen liegendes, nahezu quadratisches Treppenhaus herum angeordnet, fünf bis elf Etagen, zwei bis drei Wohnungen pro Stockwerk. So oder so: 2,2 Millionen Wohnungen in der »Platte« haben die Ent-würfe Wilfried Stallknechts Ostdeutschland beschert. Und wer in einer wohnte, aber vielleicht umziehen musste, der konnte von Dresden nach Rostock, von Magdeburg nach Gera seine Auslegware meist mitnehmen: Der Grundriss war derselbe. Ganze Stadtviertel bestehen aus diesen Häu-sern. Jeder vierte Haushalt wohnt darin, im Ostteil Berlins soll es jeder zweite sein. Auch Stallknecht selbst, 82-jährig, wohnt, da ist der alte Mann sehr konsequent, in Berlin-Fennpfuhl im Zwölfgeschosser – Typ Frankfurt Oder, ein so-genanntes Punkt-Hochhaus. Davon gibt es nicht allzu viele im Osten, denn maximal sechs Etagen waren erlaubt, wenn kein Fahrstuhl ins Haus kam. Fahrstühle wollte sich die DDR lieber sparen.

Wilfried Stallknecht, noch immer volles Haar, strahlt etwas sehr Architektenhaftes, auch Bürgerliches aus – etwas Bürgerliches von jener Sorte, wie es ältere Herrschaften auch im Westen haben, wenn sie in den Sechzigern den Höhepunkt einer intellektuell-künstlerischen Karriere feierten.

Die Plattenbauten und damit auch sich selbst sieht Herr Stallknecht in direkter Tradition des Bauhaus: Zwischen dem einstigen Dessau und seinem Schreibtisch existiert eine gedachte Autobahn für Gestaltungsideen. Zwar räumt er ein, dass in der DDR »der eigenen Handschrift doch Grenzen gesetzt« waren. Und es ist auch ganz offensichtlich, dass das Denken in Modulen, dieser Zwang, Wohnungen und Häuser so zu bauen, dass alles billig blieb, auf Kosten der Ästhetik ging. Aber die Platte, respektive »der Neubau«, ist für den Architekten das Nonplusultra. Und seit der Sanierung vor einigen Jahren liebt Herr Stallknecht den Neubau, in dem er lebt, mehr denn je. »Die Loggia«, also der Balkon, sei verbreitert worden, nun 1,60 tief und nicht mehr 1,20 Meter. »Ein wirklicher Gewinn.«

Dass viele der Stallknecht-Platten heute entweder mit pinkfarbenen Stahlrohrgestellen und Fassadenmalereien in Blautönen verleugnen wollen, was sie eigentlich sind, oder aber gleich abgerissen werden, stört den freundlichen alten Herrn nicht allzu sehr, das nimmt er zur Kenntnis. Es seien »schon etwas viele« gebaut worden. Aber er sagt auch: »Seien wir froh, dass so viele Menschen in Wohnblocks und Hochhäusern leben!« Eine Stadt wie Berlin nämlich reiche, wollten alle in kleineren Häusern wohnen, sonst längst bis Frankfurt/Oder. Da hat er recht. Denn auch das wäre keine vergnügliche Perspektive für Ostdeutschland: eine Hauptstadt, die sich übers Land wälzt und ausbreitet wie Hefeteig. Und dann gibt mir der Architekt noch einen Satz mit auf den Weg, der ihm wichtig ist und den man im Osten ständig hört: »Manches war gut in der DDR, vieles auch besser«, sagt Stallknecht. Obgleich er nie in der Partei war, nie Genosse. Er klingt sehr ernst dabei.

Zur Ausstellungseröffnung gehört auch ein kleines Making-Off. Den Abend in dem von einer Schnecken-Treppe durchzogenen Herzog-de-Meuron-Bau krönt der Vortrag zweier Architekurstudentinnen. Die beiden erläutern den Vernissage-Besuchern, wie die Studenten die Exponate zusammengetragen, wie sie den Grundriss einer Stallknecht-schen Drei-Raum-Wohnung mit Ausstellungswänden zu simulieren versucht haben, und dann gibt es Applaus. Für die Studenten, für den Architekten, für den Plattenbau. Und für Rotkäppchen-Sekt und Butterbrezeln, von Frau Stallknecht gespendet.

Auch die Wohnungen am Stadtrand von Cottbus sind nach Stallknecht-Strickmustern entstanden. Doch vor allem im hinteren Teil der Straße, die ums Karree führt und tatsächlich Am Stadtrand heißt, mag niemand mehr wohnen. Die Plattenbauriegel, die alte Schule, die Großküche; seit vier Jahren steht alles leer. Die Fensterlöcher der unteren Stockwerke sind mit Brettern vernagelt oder zugemauert, die Balkonbrüstungen zumeist herausgerissen. Manche Balkonwaben, so scheint es, konnten sich nicht abfinden mit dem, was sie sein sollten: Rustikal mit Holz verkleidet probten sie die Alpen – und sind nun dahin. Ein ausgeblichenes Poster, das Bild einer skandinavischen Seenlandschaft, hängt noch im Hochparterre und irgendwo ein Wagenrad. Erst in den Achtzigern waren diese Bauten fertig geworden, nicht lang vor der Wende. Damals brauchten immer neue Arbeiter mehr und mehr Wohnraum: Kohle und Energie, Textil- und Möbelindustrie, Lebensmittelproduktion. Zu DDR-Zeiten rauchten in Cottbus die Schlote. Mittlerweile jedoch hat die Stadt wieder gut ein Drittel ihrer Einwohner verloren: 50 000 sind weg. Die auf Industriearbeit ausgerichteten Städte funktionieren nicht mehr so, wie sie ein paar Jahrzehnte lang funktioniert haben, und auf der Suche nach Arbeit und Glück wandern die Menschen ab. Es gibt Hochrechnungen, die davon ausgehen, dass zum 60. Mauerfalljubiläum nur noch etwa halb so viele Menschen in Ostdeutschland leben werden wie 1990. Wie es schon vor der Industrialisierung hier war, so könnte es dann wieder werden: ziemlich arm, öde und leer.

Hartmut Köppe arbeitet für das Unternehmen, dem die Bauten heute gehören. Was damit passieren soll, weiß der Mann in Arbeitsmontur auch nicht. Er weiß nur, er soll die Gehwegplatten retten. »So isses«, sagt er, zuckt mit den Schultern und hebelt ein weiteres Betonquadrat aus dem Gras. Zwischen den Geisterhäusern und den nächsten normalen Wohnhäusern hat man Asylbewerber einquartiert – die Trostlosigkeit am Stadtrand von Cottbus präsentiert sich dem, der sich herverirrt, in mehreren Stufen. Als er den Kofferraum seines silbergrauen Mazda voll hat, braust Herr Köppe mit seinen Gehwegplatten davon.

»DAS WOHNEN IST IM OSTEN NICHT SO WICHTIG«

Die Stadtplanerin Dr. Heike Liebmann über Pragmatismus, Plattenbau und den Luxus der Leere

Frau Dr. Liebmann, wie wohnt der Osten?
»Erfahrungen aus der DDR-Zeit spiegeln sich bis heute im Wohnen vieler Menschen wider. Das zeigt sich beispielsweise darin, dass das Wohnen für viele Menschen in Ostdeutschland einen anderen Stellenwert hat. Es ist nicht so wichtig.«

Wie erklären Sie sich das?

»Früher, in der DDR, war man froh, wenn man eine Wohnung zugewiesen bekam. Dort blieb man meist, hat das Beste draus gemacht, hat sich arrangiert – denn an einen Umzug war so schnell nicht mehr zu denken. Man war, wie es hieß, ›endversorgt‹. Ein Wohnungsmarkt war im Prinzip nicht existent.

Zudem war es politischer Wille, gleiche Wohnverhältnisse für alle Bürger zu schaffen. Dies ließ sich am besten im normierten Plattenbau realisieren. Dementsprechend wohnten dort Ärzte und Professoren ebenso wie Arbeiter. Das Wohnen und auch die Wohnadresse waren damit viel weniger ein Statussymbol als im Westen. Deshalb sind Wohnkarrieren in Ostdeutschland heute oft noch immer andere als im Westen.«

Heißt das auch: Man wohnt einfacher, kleiner?

»Ja, schon. Im Schnitt verfügen die Ostdeutschen pro Kopf noch immer über mindestens fünf Quadratmeter weniger Raum als die Westdeutschen. Und das, obgleich Raum teilweise im Übermaß vorhanden und viel günstiger zu haben ist. Es gibt viele Wohnungsgesellschaften, die ihren Mietern in den vergangenen Jahren angeboten haben, leer stehende Wohnungen fast unentgeltlich mitzunutzen: als Gästezimmer, als Hobbyraum. Nur für die Betriebskosten. Es war aber kaum jemanden daran interessiert. Natürlich ist dies für viele Menschen auch eine Geldfrage. Und trotzdem scheint Platz weniger wichtig zu sein.«

Und wenn die Menschen doch Platz für sich wollen, wenn sie bauen, Einfamilienhäuser kaufen – ist das wie im Westen?

»Teils ja. Aber im Osten überwiegt absoluter Pragmatismus. Man baut meist klein, preiswert und dicht. Sinn für

Ästhetik, für gute Architektur wurde in den DDR-Jahrzehnten nicht eben gefördert. Ein Beispiel ist das ehemalige städtebauliche Entwicklungsgebiet am Elsterwer-
daer Platz im Berliner Bezirk Hellersdorf/Marzahn. Das
Gebiet wurde Mitte der Neunziger mit hohem architek-
tonischem Anspruch entwickelt. Teils haben namhafte
Architekten Entwürfe geliefert und punktuell auch reali-
siert. Doch dieser Anspruch ließ sich nicht durchhalten,
weil er kaum vermarktbar war. Statt guter Reihenhausar-
chitektur wollten die Leute selbst entscheiden, wie gebaut wird. Und das heißt dann oft quadratisch, praktisch,
billig.«

*Auch im Westen wird schlimm gebaut. Aber es gibt den-
noch so was wie regionale Architekturen: In Bayern lieben die Leute rustikale Häuser mit viel Holz, Geranien davor. Im Norden des Westens findet man hanseatische Gie-
belhäuser. Welchen Baustil erkennen Sie in Ostdeutschland?*
»So etwas existiert im aktuellen Baugeschehen an sich
nicht. In Ostdeutschland gibt es viel weniger eine allge-
meine Formensprache, die typisch wäre für das Bauen in
diesen Regionen. Hier ist alles möglich: Bayerisches neben
Skandinavischem. In Sachen Bauen ist das Feingefühl auf
der Strecke geblieben.

Aber auch das Wohnen in der Plattenbausiedlung ist für
viele Menschen im Osten nach wie vor eine akzeptierte
Wohnform und hat ein viel besseres Image als im Westen.
Zu DDR-Zeiten stimmte in diesen Siedlungen die Infrastruktur, die Verkehrsanbindung war meist gut, man konnte einkaufen, es gab Kinderkrippen und Schulen sowie oft
auch Einrichtungen wie Schwimmhallen oder Bibliothe-
ken. In diese Neubausiedlungen sind die Menschen aus
teils katastrophalen Wohnverhältnissen gezogen, aus

dunklen Altbauwohnungen mit Kohleöfen. Kein Bad, die Toilette auf halber Treppe. Die Plattenbauten hatten ein Innen-WC, sie galten als hell und modern.«

Und so ist das Image dieser Großsiedlungen noch heute?
»Einerseits sind diese Siedlungen vor allem Schlaforte. Ihre freie Zeit verbringen die Bewohner eher in ihren Gärten, auf den Datschen, in den Bungalows. Das spricht nicht eben für einen lebendigen Wohnort. Aber andererseits muss man auch sehen: Die Menschen verteidigen diese Wohnungen vehement.

Die Bevölkerung in diesen Siedlungen ist natürlich älter geworden. Da leben Menschen, die ohnehin einen Großteil ihrer Lebensleistung entwertet sehen. Nimmt man ihnen nun noch ihre gewohnte Wohnform, sei es durch Rückbau oder einfach, indem man über diese Siedlungen schlecht spricht, verstehen sie dies als Angriff. Ich glaube, deshalb wird für die DDR-Neubausiedlungen – oder wurde auch für ein Gebäude wie den Palast der Republik – so vehement gekämpft. Viel mehr, als diese es in meinen Augen verdienen. Doch man will eben, dass etwas vom alten Leben bleibt. Das verstehe ich schon. Da wird eben auch mal etwas überbewertet.«

Und die Jüngeren wohnen heute lieber in sanierten Altbauten?
»Na ja, manche schon, doch. Es gibt aber nach wie vor immense Leerstände auch im Altbaubereich, selbst im stets gepriesenen schönen Görlitz stehen fast 30 Prozent der Wohnungen in der Innenstadt leer. Für Menschen, die die Verhältnisse im Westen kennen, ist das ein enormer Luxus: große, sanierte Altbauwohnungen im Zentrum, sofort frei und dabei günstig zu haben. Die Görlitzer sind auch stolz auf ihre schöne Innenstadt. Dass ein Privatmann je-

des Jahr eine halbe Million stiftet für die Sanierung, ist ein Segen. Viele Menschen jedoch ziehen trotzdem lieber auf die grüne Wiese oder in die Platte am Stadtrand. Die Alt-bauquartiere werden als Wohnort von vielen nach wie vor ausgeblendet. Trotz Sanierung werden sie bis heute als Ort zum Wohnen mental entwertet. Der Leerstand ist zu einem großen Teil allerdings auch dem Schrumpfen der Städte geschuldet. Im Jahr 2000 standen in Ostdeutsch-land bereits rund eine Millionen Wohnungen leer. Inzwi-schen wurden rund 220000 Wohnungen zumeist in den Plattenbaugebieten am Stadtrand abgerissen. Bis Ende 2012 sollen es 300000 bis 350000 sein.«

Und wie geht das weiter?
»Künftig wird es für viele ostdeutsche Städte noch schwie-riger. Denn jetzt wird der Geburtenknick nach der Wende spürbar. Kinder, die damals nicht zur Welt gekommen sind, gründen künftig keine Haushalte. Das heißt die Zahl der Haushalte wird in den nächsten Jahren zurückgehen, und damit erwarten viele Städte eine neue Leerstands-welle.«

Wird es Städte und Regionen geben, die sich komplett ent-völkern, die aussterben?
»Die Entwicklungen der Städte und Regionen werden sich weiter ausdifferenzieren in Gewinner und Verlierer. Somit wird es Ortschaften geben, die komplett in der Bedeu-tungslosigkeit versinken. Altentreptow, Demmin, Anklam sind beispielsweise Städte in Mecklenburg-Vorpommern, die es sehr schwer haben werden und bei denen sich noch rausstellen muss, wohin die Entwicklung geht. Sicher wird es zu weiteren Zentralisierungsprozessen kommen. Da-mit wächst auch der Wettbewerb zwischen den Städten: um Einwohner, weiterführende Schulen, medizinische Ver-

sorgungseinrichtungen und sonstige Infrastrukturen. Für einige Städte wird die wichtigste Aufgabe künftig darin bestehen, den weiteren Schrumpfungsprozess zu managen.«

Ist das nicht sehr traurig?
»Wachstums- und Schrumpfungsprozesse hat es immer gegeben. Ich glaube, man darf das nicht zu sehr dramatisieren. Ich stamme selbst aus Ostdeutschland, und für die Menschen, die dort leben, ist das schon schwierig. Aber die Entwicklung birgt natürlich auch Chancen: mehr Natur, mehr Platz für neue Lebensmodelle, für ökologische Landwirtschaft, für kreative Ideen. Theoretisch ist diese Leere doch auch ein großer Luxus.

Kreativität allerdings scheint mir eine Bedingung zu sein, wenn man diesen Luxus nutzen will. Derzeit stecken noch zu viele den Kopf in den Sand. In manchen Regionen Ostdeutschlands gewinnt man fast den Eindruck einer kollektiven Depression, da fällt einem nur noch wenig ein.

Als Stadtplanerin allerdings finde ich diese Entwicklung auch sehr spannend. Ostdeutschland hat eine Vorreiterfunktion, um Erfahrungen im Umgang mit Schrumpfungsprozessen zu sammeln. Wenn ich an Diskussionen denke, die Stadtplaner derzeit in Westdeutschland führen, auch im Umgang mit Begriffen wie ›Schrumpfen‹, ›Abriss‹ oder ›Leerstand‹, dann muss ich manchmal lächeln, denn ähnliche Diskussionen wurden vor acht, neun Jahren in Ostdeutschland geführt. Inzwischen ist man bereits einige Schritte weiter.«

Dr. Heike Liebmann, 44, ist Stadtplanerin. Sie leitet die Forschungsabteilung »Regenerierung schrumpfender Städte« am Leibniz-Institut für Regionalentwicklung und Struktur-

planung im brandenburgischen Erkner. Daneben ist sie verantwortlich für die Bundestransferstelle Stadtumbau Ost, die im Auftrag des Bundesamtes für Bauwesen und Raumordnung und des Bundesministeriums für Verkehr, Bau und Stadtentwicklung eingerichtet wurde.

10

Ranzig an der B 87:
Camping Kalaschnikow

Lokale, die die Straßen säumen, haben Namen wie »Inge's Sportlerheim«, »Tennis'-Klause«, »Sorbenscheune«, »Schmiedestübchen«. Der Mann aus dem Dorf weist mir die Richtung über den Bahndamm, ein verlottertes Hinweisschild bestätigt, dass ich richtig bin. Die von mir anvisierte Pension liegt einsam am Wald. Hinter dem Wald gibt's einen See und hinter der Pension lange nichts, nur ein paar Wohnwagen und einen heruntergekommenen Kinderspielplatz. Ein großes altes Haus, an das über die Jahre wieder und wieder angebaut wurde; wie Geschwüre kleben gleich mehrere wintergartenartige Gebilde daran, Windfänge, auf die das Wort Entree nicht passt. Alle sehen sie so aus, als seien sie nur dazu da, dort Gummistiefel abzustellen. Links der Eingang zur Gaststube. Drinnen dunkle Fliesen auf dem Boden, Weichholzverkleidung an der Wand, ein selbst gezimmerter Tresen und hellblaue Barhocker, deren Chromgestelle diese aussehen lässt wie seltsame Vögel. Die Fenster sind so zugestellt und verhängt, als wolle der Wirt um jeden Preis verhindern, dass Tageslicht eindringt. Im Fernsehen Kriminalfälle. Ich bleibe stehen, gucke ein paar Minuten mit. So ein Gasthof ist kein Publikumsmagnet, denke ich und rechne nicht eine Sekunde mit dem, was ich nun höre: »Nichts« mehr frei, leider«, sagt der Wirt hinterm Tresen. Und wie er mir so offen in die Augen blickt, glaube ich es ihm. Will vielleicht irgendein Kollektiv mal drei Tage lang in der Pension am Wald richtig ausspannen, hält im Moment meines Besuchs jedoch Mittagsschlaf?

Ein paar kleine Seen, verrammelte Pensionen, geschlossene Dorfkrüge und viele Baustellen weiter lande ich – auch, weil der Name so hübsch ist, das gebe ich zu – in Ranzig am Ranziger See. Ein Dorf, das von der B 87 beatmet wird – »dat is hier unsere Lebensader«, sagt mir der nette Wirt des Gasthofs. Der Mann, »einfach Peter« genannt, schenkt mir ein Glas Wein ein, obgleich ich lieber Wasser wollte, und bittet mich an den Stammtisch. »Willste noch was essen?« Die fünf Männer, keiner jünger als fünzig, keiner älter als sechzig, sind einstige Service-Techniker des einstigen Ost-Büros von Tetra Pak, jenes Unternehmens, das Milch und Saft in Tüten packt. Ein Art Klassentreffen, sagen sie. In unterschiedlichen ostdeutschen Dialekten berichten die Männer von besseren Zeiten, da sie noch nicht Frührentner oder arbeitslos waren. Und von ihren Erlebnissen mit Drehtüren, ohne sich der Klischeehaftigkeit dieses Themas – Ossis! Drehtür! – bewusst zu sein. Einer, der etwas füllige Heiko, wollte neulich mit einem Freund beim Griechen Spaghetti bestellen und scheiterte. Ein anderer, Andreas, regt sich heute noch über die 7,60 Euro auf, die er – auf einem Ausflug nach Berlin ahnungslos im feinen Adlon gestrandet – dort für ein Bier hinlegen musste: »7,60 Euro! Davon können wir hier 'nen ganzen Abend trinken!« 7,60 Euro sind, wenn das stimmt, bodenlos. Aber wer geht schon für einen Orangensaft in den Puff, wer ins Adlon auf ein Bier?

Traumlos und tief schlafe ich in Seasucker-Bettwäsche mit riesigen Blumen. Zu meiner Linken befindet sich in etwa 1,90 Meter Höhe ein kleines Fenster, an der Rauputzwand über mir hängt eine Nackte. Von den Männern, die allesamt noch länger in der Gaststube geblieben waren und sturzbesoffen durchs Treppenhaus gepoltert sein sollen, wie ich beim Frühstück erfahre, habe ich nicht das Geringste gehört.

Nie habe ich einen so vollgestellten Raum gesehen! In dem schätzungsweise sechzehn Quadratmeter großen Frühstückszimmer zum Hof (Raufaser, Spitzenvorhänge) finden sich: vier Tische, zwei Schrankwände, eine Anrichte, ein Gummibaum, ein Kachelofen (darauf mehrere Bierkrüge, lila Plastikblumen, ein Elch, ein Etwas aus Stroh, das ich nicht zu deuten vermag), ein Kinderhochstuhl, mehrere Stühle mit asiatisch anmutenden Schnitzereien in der Lehne (allesamt auf Kirsch gebeizt), zwei supergemütliche Eckbänke, ein Fernsehgerät, eine Stereoanlage (aus Ost-Zeiten, glaube ich), diverse Blumentöpfe unterschiedlichen Designs (alle mit mickrigen Pflänzchen), an den Wänden verschiedene Kalender und Karten der Umgebung. Manu, die Aushilfe, bestückt das Frühstücksbuffet: Brötchen, abgepackte Butter, abgepackte Marmelade, ein paar Scheiben Käse, Milch, Orangensaft aus der Tüte. Im Radio läuft eine Musik, die vorgibt, Heimatmusik zu sein. Ich schmiere meine Stulle und denke nach.

In diesem Haus habe ich einiges gelernt, was mir so bislang nicht klar war. Etwa, dass Wirt zu sein zu DDR-Zeiten klasse war: Die Bude immer voll – all die Traktoristen, Melkerinnen, Techniker! Einen Teil der Einnahmen gab man der HO, der Handelsorganisation der DDR. Den Rest steckte man in die eigene Tasche – und dann wurde gefeiert. »Ich hatte immer Geld, immer Abenteuer, Frauen, Vergnügen. Wir haben alles gehabt«, hat Peter gesagt, dabei glücklich über beide Ohren gestrahlt und wirklich ausgesehen wie einer, der mit solchen Dingen viel Erfahrung hat. Für ihn war das Leben in der DDR lustig, Kneipen stets voll und Arbeit nicht alles. Und wenn Brigaden mit Frauenüberschuss am nahen See campten, wanderte Peter von Zelt zu Zelt. Und kochte am nächsten Tag allen ein Mittagessen: Dann kamen die Mädchen zur Herdenfütterung zu ihm in die HO-Gaststätte, holten sich ihre Kelle Erbspüree und Knacker ab. »Vorbei«, hat Peter bei der Erinnerung daran nur gestöhnt und traurig gelächelt.

Doch war es schön, weil DDR war – oder einfach, weil Peter jung war?

Die, die heute jung sind, haben es nicht mehr so schön. Sie kämen nur noch selten auf ein Bier. In der Gegend gibt es kaum noch Jobs. Viele arbeiten in Berlin, pendeln in Fahrgemeinschaften zu viert, zu fünft morgens die rund siebzig Kilometer und abends zurück. Sie sind groggy. Heute macht jeder seins in Ranzig. Die einen haben kein Geld, die anderen keine Zeit. Die meisten haben weder das eine noch das andere: »Wer 900 Euro im Monat verdient und allein 500 für Miete berappen muss, kann sich das ebend nicht leisten«, meinte Peter. »So isset, janz einfach.«

Immerhin: Runde Geburtstage werden hier in Ranzig schon noch gefeiert, Jugendweihen, Hochzeiten, Beerdigungsfeiern. Es gibt tatsächlich noch hartgesottene Stammgäste aus Thüringen und Sachsen, die jeden Sommer in dem Nest am Ranziger See (etwa 500 Meter lang, 300 breit, 15 Meter tief; Hechte, Karpfen, Schleie und Barsche) mit der ganzen Familie vierzehn Tage Urlaub machen. Und in zwei Monaten, dann wird er sechzig, hat Peter auch den Kredit für seinen Gasthof abbezahlt. In der DDR enteignet und nur Angestellter im einstigen Familienbetrieb, hat er nämlich nach der Wende alles zurückgekauft – »und jetzt, endlich«, sagt der Wirt, »darf ich mit dem Renovieren beginnen«. Er meint es ernst, das »Endlich«, nicht ironisch; er strahlt. Jetzt, nach zwanzig Jahren Abbezahlen, kann er endlich loslegen, hat wieder etwas Geld übrig, um alles Nötige zu besorgen. Um die Arbeit zu tun, die ebenfalls nötig ist. Doch immerhin: Hier ist einer, der mit seiner guten Laune auch vieles zu überdecken vermag. Der irgendwie immer Glück gehabt hat, weil er Glück haben wollte und weil er das Leben einfach mag. Die Schlager der Küchenhilfe sind abgestellt. Als ich losziehe, trällert aus dem Fenster Jack Johnson laut einen seiner Sunnyboy-Surfer-Songs, »On and On«.

Am See, wo einst Peters Mädchen zelteten, ist noch immer ein Campingplatz, das Märkische Seecamp. Heute gehört dieser Ort den Dauercampern. 660 Euro pro Saison, Wasser,

Müll und Strom inklusive. Die meisten kommen aus Sachsen, das hat Tradition: Die sächsischen FDGB-Feriengruppen, die Kollektive, die Brigaden waren früher schon in der Gegend von Ranzig, seither kennen sich die Sachsen hier aus. Das Geschäft geht gut. »Seit dem Jahrhundertsommer machen die Leute wieder Ferien in Deutschland, und in der Krise erst recht«, sagt der Betreiber. Und »in Spanien, in Italien – da wird man doch bloß gekidnappt!«, wirft eine Mitarbeiterin ein.

Eine, die immer kommt, ist Insa Hermann aus Dresden. Woche für Woche, oft mit ihrer Mutter: »110 Kilometer Autobahn, 40 Landstraße – geht schon«, sagt die Ingenieurin, die nur Teilzeit arbeitet und darum Zeit hat. Die 42-Jährige hat sich einen Wohnwagen gekauft, angebaut, Eckbank und Fernseher hineingestellt. Sonnenblumen aus Seide klemmen in der Ecke, ein chinesischer Lampion an der Decke, und über die Tischdecke hoppelt ein Osterhase. »Ruhe und Kartenspiel«, sagt die kleine, kurzhaarige Frau, das schätze sie hier ganz besonders, »und dass eben keine Motorboote fahren«. Dann dreht sie sich wieder um, zum Vormittagsfernsehprogramm. Gemütlich bis zum Gehtnichtmehr ist dieser Campingplatz; Begriffe wie Neugier, Ehrgeiz und Abenteuer werden hier wohl weder ausgesprochen noch gedacht. Auch nicht von Leuten wie den Sennwalds aus dem thüringischen Schmölln, 47 und 48 Jahre alt. Die beiden sind ebenfalls Dauercamper, seit Jahren schon, obgleich sie drei bis vier Stunden fahren müssen. Andrea Sennwald ist als Konstrukteurin bundesweit im Einsatz, ständig für wechselnde Firmen unterwegs. Ulf Sennwald – graue Haare, Vollbart, Brille, Dreher hatte er einst gelernt – ist seit 1996 Invalidenrentner. Im Jogginganzug und mit Hausschuhen sitzen die beiden auf weißen Plastikstühlen unter dem Vordach, ein Gartenzaun begrenzt ihr mit Betonplatten ausgelegtes Reich, der Radiorecorder plappert leise. »Ein Kumpel hatte 'nen Wohnwagen hier, den haben wir eben übernommen«, sagt sie, als ich wissen will, wieso ausgerechnet hier – auch in Thüringen gäbe es schließlich kleine Seen.

Sie sitzen also im Vorzelt, und manchmal geht er zum Angeln. Und dann wird gegrillt? »Nein. Wir frieren das alles ein.« Wäre Lissy nicht, ein Tibetanischer Löwenhund, der vor den beiden sitzt und kläfft, »unser Kind«, sagen sie, wäre es sehr still bei Sennwalds. Wenn sie sich was wünschen dürften? »Nu, ne Kalaschnikow!«, sagt er. Wischt das dann aber gleich beiseite: »Nu, Stabilität, vor allen Dingen. Wie früher in de DDR, da hatten wir nicht so viele Sorgen.« Und sie: »Dass man de Arbeit behält.« Als ich gehe, will ich das Gartentörchen hinter mir schließen, doch Herr Sennwald sagt: »Lassense ruhig uff, ich geh heut' vielleicht noch mal.«

Christa Lessing, kein Mädchen mehr, aber freundliches Mädchen für alles – die Frau mit den Kidnappern –, führt mich noch weiter herum. Zeigt mir bereitwillig einen der alten Bungalows, wie sie vermietet werden, für 35 Euro die Nacht könnte ich bleiben. Zehn, fünfzehn Quadratmeter mit dem originalen Mief der DDR: braune Ausklappliegen, eine winzige dunkle Küche, das Mini-Bad mit Plastikarmaturen und vergilbten Gardinen. Das Bettzeug wartet, damit's im klammen Häuschen nicht schimmelt, in Müllsäcken. Was soll man dazu nur sagen? Lachen? Weinen? Es loben? Ich wische mir den Schweiß von der Stirn und mache, dass ich an die Luft komme.

Frau Lessing führt mich aber noch hinunter an den See. Die Grundstücke direkt am Wasser, fast im Schilf, sind allesamt frei. »Ja«, sagt Frau Lessing und lächelt verschmitzt. »Die attraktivsten Stellplätze lassen wir für die Kurzcamper. Wenn die einmal hier stehen, kommen die nämlich immer wieder.«

11

Beeskow an der Spree:
Eine Konserve DDR

15. Mai, 11 Uhr, Frauenladen: »Internationale Küche mit arabischen Frauen«, 16. Mai (ohne Zeitangabe), Beeskow-Krügersdorf: »Mittelalterliches Gelage im Germanischen Langhaus«, 28. Mai, 9 Uhr 30, ebenfalls im Frauenladen: »Thematischer Donnerstag: Farb- und Typenberatung«. So viel zum Programm.

Man kann also sagen: Tote Hose in Beeskow an der Spree. Im »Tor der Niederlausitz« wurde 1974 zwar der Sprinter Ronny Ostwald (10,22 Sekunden auf 100 Meter) geboren, und Theodor Fontane machte auch mal hier Rast (»Beeskow ist nicht so schlimm, als es klingt«, hat er notiert). Heute jedoch gäbe es, hatte man mir in Ranzig noch eingebläut, in Beeskow faktisch nichts. Und genau dieses Nichts war wohl die Chance für Kurt Gerhard und seine Frau.

Die beiden brauchten gar nicht viel zu tun – die »Spanplatte«, die sie schon zu Ostzeiten betrieben hatten, lief nämlich auch so weiter, die Wende wurde hier einfach ausgeblendet. Wer nicht kochen wollte in Beeskow, aber etwas essen, der marschierte weiter in die »Spanplatte«. Spanplatte? Die Kantine des alten Spanplattenwerks, das Finnen und Dänen den Ostdeutschen 1966 hier in die Landschaft pflanzten, samt Heizhaus, Hotel und Gastwirtschaft. Damals war das alles technisch der letzte Schrei, »wirklich ein Spitzenbetrieb der DDR-Wirtschaft«, sagt Herr Gerhard.

Er selbst war erst nach dem Mauerbau in die DDR zurückgekommen, als sein Vater in der Niederlausitz tödlich verunglückte und seine Mutter Hilfe brauchte. Selbst war er also längst im Westen gewesen, hatte was gesehen von der Welt, studiert, später ein großes Hotel betrieben. Kurt Gerhard ist ein Mann mit Sinn für feine Nebensätze und eigentlich kein Typ, wie man sich einen Kantinenwirt vorstellt, selbst wenn er nun dasitzt mit dem schlohweißen Schopf und den klugen Augen, aufrecht, fröhlich und gesund. Eben noch hatte er in seinem sauberen weißen Kittel an der Durchreiche der Küche gestanden, abgegessene Teller entgegengenommen, stets mit einem freundlichen Wort – und nicht etwa mit der schlecht gelaunten Routine eines Mannes, dem doch einst Besseres gesungen ward. Er könnte so gut für Treppenlifte werben, für ein neues Lexikon, für bügelfreie Hemden. Kurt Gerhard, 67, ist ein Herr.

Doch Herr Gerhard kocht, und zwar täglich frisch: Kartoffeln mit Leinöl, Bratwurst mit Bratkartoffeln, Soljanka, Gabelspaghetti mit geriebenem Käse, solche Sachen: kein Essen über 3 Euro 50, 19 Prozent Mehrwertsteuer schon mit inbegriffen. Im Speisesaal könnte man, ohne einen Kulissenbauer einzuspannen oder sonstwie daran herumzumachen, sofort einen Film drehen, der in der DDR der frühen Achtzigerjahre spielt. Bestimmt sechs Meter hoch, Wände und Decke mit Holzvertäfelungen verkleidet – eine Arbeitsprobe aus dem frühen Spanplattenwerk. Die raumhohen Fenster: mit gilben Raffgardinen verhängt, die vielleicht vor zwanzig Jahren mal weiß waren. Der Fußboden: zur einen Hälfte mit grauen quadratischen Linoleumplatten bepflastert, zur anderen Hälfte mit kotzbrauner, sich wellender Plaste ausgelegt. Laut läuft Radiomusik, irgendein Schlagerkram. Braune, stoffbespannte Stühle und am Kopfende des Saals, vis-à-vis des Eingangs, sodass es den hungrigen Werktätigen gleich ins Auge springt: ein Wandgemälde, das Arbeiter und Bauern glücklich auf dem Feld, in Fabriken, beim Tanzen zeigt. Eine Frau, einen Teller mit vier Knackern vor sich, hat sich daran noch immer nicht sattgesehen. Sie kaut ihre Würste, blickt auf das Bild, inte-

ressiert – als liefe dort ein Film. Einzig die gelben Plastik-
tischdecken und ein paar Gummibäume und Birkenfeigen
könnten, sicher bin ich nicht, etwas jünger sein als das ver-
einte Deutschland. Denn sogar der Geruch in dieser öffentlichen Kantine ist noch original, diese unnachahmliche
Mischung aus dem Duft von Sättigungsbeilagen, Scheuer-
pulver, dem DDR-Desinfektionsmittel Wolfasept und dem,
was alte Wandverkleidungen ausdünsten. Aber die Pellkar-
toffeln sind, wie Herr Gerhard, schwer in Ordnung.

Beeskow, dieses Städtchen weit im Osten Deutschlands, ist
so etwas wie der Nabel der Spanplattenwelt, von hier aus
sollen nicht nur der polnische Markt, sondern auch südost-
europäische Länder wie Tschechien, die Slowakei oder Ru-
mänien beliefert werden. Sonae Indústria, weltweit einer
der größten Produzenten von Holzwerkstoffen, will mit
dem Spanplattenwerk neben der Kantine via Beeskow die
Felder der Arbeitsplatten neu erschließen. Das Werk sei
aufgrund seiner strategischen Lage dreißig Kilometer vor
der polnischen Grenze für das Unternehmen »sprichwört-
lich das Tor nach Osteuropa«, heißt es in einer Mitteilung,
und Harald Gliese, der Werksleiter, wird auf der Internet-
seite der Firma so zitiert: »Die osteuropäischen Märkte für
Holzwerkstoffe boomen.« Drum arbeiten in der Fabrik immerhin noch 350 von einst 780 Mitarbeitern: Westtarif,
Dreischichtbetrieb.
   Für Herrn Gerhard und seine Frau bedeutet dieser Dreischichtbetrieb: Zum Mittagessen ist maximal ein Drittel
der Belegschaft da. Ohne die, die aus dem Ort zum Essen in
die »Spanplatte« kommen, die allein stehenden Männer,
Touristen auf der Durchfahrt, Arbeiter und Angestellten
verschiedener Firmen, ohne die ginge es heute also wohl
nicht mehr. Dass es auch weiterhin nichts gibt in Beeskow,
was der »Spanplatte« wirklich Konkurrenz macht, sichert
das Überleben. »Wir müssen kämpfen«, sagt Herr Gerhard,
und: »Experimente sind tabu. Wenn wir unseren Gästen

hier mit was Chinesischem kommen, treten die in Hunger-
streik.« Also: Hausmannskost. Und null gestalterische Veränderung. Dafür fehle zum einen das Geld. »Aber vor allem«, sagt der Kantinenchef und lächelt fein, »mögen die
Menschen das ebend auch, dass es bei uns aussieht, als
wäre noch DDR.«

Es gibt Orte, die wirken wie ein Kontrastmittel, und einer
liegt auf meinem Weg nach Berlin. Zwischenstopp in Bad
Saarow, am Scharmützelsee, dem Märkischen Meer, auf einen
Kaffee am See. Hier stehen Strandkörbe im Park, weiße Neu-
bauten spielen Bäderarchitektur. Eine große Holzplastik,
Nebelkrähengekreische. Ein properer, ein eleganter Ort,
»sophisticated« sagen die Engländer, von denen einige an
mir vorbeischlendern. Es geht also doch. Geht es wirklich?
In der Fußgängerzone finden sich wieder nur Schlecker
und Co. Und einen Steinwurf weiter werden in Seenähe
Schubladenentwürfe in den märkischen Sand gesetzt, dass
es eine Sünde ist: teure Eigentumswohnungen, die sich
»Residenzen« schimpfen. Auf einer Bank liegt eine nicht
mehr aktuelle Ausgabe der *Nationalzeitung.*

Kurz hinter dem Ort schon wieder eines dieser Villenun-
getüme: Der Zaun drum herum ist hoch, die Rasenflächen
um Magnolienbüsche dafür raspelkurz, das Dach glänzt in
einem blauen Lila, als sei es frisch lackiert. An der strahlend
weißen Tür prangt ein Löwenkopf mit Klopfring in Messing,
und über der Terrasse dreht sich gut sichtbar eine Überwa-
chungskamera über Tujabäumen. Ich will dennoch nicht un-
fair sein und den Bewohnern eine Chance geben: Ich klinge-
le. Gern hätte ich gesehen, ob ich die Fähigkeit besitze, vom
Äußeren eines Gebäudes auf sein Inneres zu schließen.
Etwa wie man sich auch bei Menschen, die Socken mit Mi-
ckeymäusen tragen, schon mal seinen Teil denkt. Oder ob
ich mich täusche, was mir lieber wäre. Leider öffnet mir niemand. Es springt jedoch, dies sei zur Verteidigung der Bewohner gesagt, auch keine Selbstschussanlage an.

Ich verlasse die Scharmützelseegegend mit gemischten Gefühlen, ich muss weiter, nach Berlin. Denn heute Abend gehe ich aus. Vor mir quält sich ein schwerer LKW über die gewundene Straße. Auf seiner Pritsche prangen drei Buchstaben: O., S., T.

12

Berlin, Friedrichstadtpalast:
Ostdeutsche Unterhaltungskultur I

Müde wehen die Flaggen des Theaters im warmen Abend-
wind. Rentner mit Sonnenbrillen und Glitzerhosen strömen
an kleinen Ahornbäumen vorbei ins Haus, Gehwägelchen,
an denen Täschchen mit Strassbesatz baumeln, zuckeln
durchs Foyer. BHs blitzen durch dünne Blusen, die Damen
tragen Füßlinge in Gesundheitsschuhen, die Herren noch
die Schirmmützen des Tages. Ich zähle gleich drei Hemden, die gemustert sind wie griechische Vasen. Ein hüb-
sches Lesbenpärchen kommt Hand in Hand. »Qi – Die Pa-
last-Phantasie« wird im Friedrichstadtpalast gegeben, und
mit dabei, wie immer, ist die längste Girl-Reihe der Welt,
mit den längsten Beinen der Republik: 32 mal zwei, und die
beiden längsten Beine gehören Bernadette, 113 Zentimeter.
Europas größter Showpalast, der Friedrichstadtpalast, wird
in diesem Jahr 25, und noch immer ist er ein Haus der Superlative – Weltniveau hieß das in der DDR: längste Girl-
Reihe, längste Beine, aber auch: der wohl teuerste, vor allem
aber auch der letzte Prachtbau der DDR, das mit 24 Metern
größte Bühnenportal Europas, die größte Theaterbühne der
Welt, 2 800 Quadratmeter bespielbare Fläche samt Eisfläche
und ausfahrbarem Wasserbecken, 180 Leute auf der Bühne,
jeden Abend. Ein bisschen Moulin Rouge, ein bisschen
Lido, aber eben größer. »Show und Unterhaltung auf höchs-
tem Niveau«, wirbt das ostdeutsche Aushängeschild, das
einst Monate im Voraus ausverkauft war. Doch heute kämpft
auch dieses Haus um Publikum. Eine Oma in Kassackbluse
und mit hell blondiertem Zopf schaut trotzdem so glücklich und erwartungsvoll, als sei das der Tag, auf den sie ihr

Leben lang gewartet hat. Musik, Show, große Bühnentechnik, ein Schuss Erotik und weite Welt: In diesem Theater sollten sich Arbeiter und Bauern der untergegangenen Republik einst fühlen wie in Las Vegas. Dass die Leuchten im Foyer, die an den alten Friedrichstadtpalast erinnern sollen, aus Milchleitungen von DDR-Molkereien gebastelt wurden, war egal.

Heute sitzen natürlich auch Westdeutsche und Touristen im Saal. Doch vor allem Ostdeutsche drängt es in den Friedrichstadtpalast, nur im Osten ist das Haus eine Institution, die jeder kennt. *SUPERillu*, MDR, RBB sind die »Medienpartner« des Hauses, bekommen Freitickets, wenn sie über das Theater berichten. In der Pause essen Männer, die helle Jeansjacken und Krawatte tragen, »Boulette klassisch« zu 4,50 Euro oder »Boulette mit Schorfheider Jägermett und Spreewaldgurken«, und Frauen, die in der – nach der DDR-Entertainerin Helga »Henne« Hahnemann benannten – Henne-Lounge hocken, bestellen das »Berliner Arrangement« zu 10,50 Euro. Ein großer Bildschirm lobt: »Friedrichstadtpalast – gute Unterhaltung!«

Viele wollen keine Meinung haben, pressen höchstens ein »sehr gut« hervor auf die Frage, wie's gefällt. Andere schütteln stumm den Kopf. Doch Rolf Albrecht, 53, sprüht vor Begeisterung. Er kommt aus dem Berliner Norden und hat Besuch aus Stuttgart in den Palast geschleppt: »So was haben die noch nie gesehen, das Ganze, diese Zauberei, das hat doch alles zusammengepasst«, und natürlich: »diese Beine!« Ein toller Abend also? »Ja, und nachher gehen wir noch zum Kubaner, lassen den Abend ordentlich ausklingen«, sagt der Mann im dunkelblauen Kurzarmhemd, auf dem Orangen und Bananen leuchten, und er strahlt ein bisschen wie Egon Krenz, bevor es wieder weitergeht. Mit Tanz und Artistik, mit einem mutigen, da leicht schwul wirkenden Ringkampf-Tanz zweier Männer, mit nackten Brüsten und bunten Roben, mit Einskunstlauf, Federpüscheln, Jongleuren, alles schnell und wild und wunderbar bunt.

Dann macht die Sängerin wieder auf Madonna und schmettert »I'm so exited«. Das Publikum, ebenfalls aufgeregt, wippt und klatscht. Und kauft: Taschen, Tassen und CDs mit Werbeaufdruck von »Qi« und dem Friedrichstadtpalast, und beim Rausgehen wirbt erneut ein Schild: »mit freundlicher Unterstützung von *SUPERillu*«. Sicher: ein Berliner Theater. Eine Institution. Etwas große weite Welt. Und doch: vor allem noch sehr viel Ostberlin, wie es einst war – ein Markenzeichen dieser Halbstadt.

Auch Ostdeutsche verstehen so viel Nostalgie nicht immer. Simon aus Halle-Neustadt etwa arbeitet in Berlin, keine drei Minuten vom Friedrichstadtpalast entfernt. Während er mir am nächsten Vormittag die Haare schneidet, kinnlang, unten angestuft, erzählt er, dass er nun schon seit zehn Jahren nicht mehr zu Hause gewesen sei. »Ich ertrage das nicht.« Schon beim Gedanken an den Osten schüttele es ihn, sagt der 30-Jährige – es mache ihn nur traurig. »Die Häuser, die Läden, das Essen, die Kultur«, das alles sei so schlimm. »Das kannste doch vergessen«, sagt er, schnippt mir eine nasse Locke von der Schulter und prüft, ob die Haare links und rechts gleich lang sind, indem er zwei Strähnen ans Kinn zieht. »Bei dir aber sind jetzt Ost und West auf einer Höhe«, stellt Simon fest und lacht.

»WIR SIND DIE MEDIENHEIMAT DER OSTDEUTSCHEN«

Lobhudeleien und Heimatstolz, Selbstmitleid und flamboyanter DDR-Erinnerungsjournalismus: Typisch für die Medien des Ostens. Allen voran die SUPERillu. Dabei will Chefredakteur Jochen Wolff, 60, einfach »den Ist-Zustand beschreiben« – und erreicht damit im Osten mehr Leser als Spiegel, Stern und Focus zusammen.

Herr Wolff, Sie machen ein sehr erfolgreiches Blatt: So vie-le Leser wie SUPERillu *hat keine andere Zeitschrift in Ost-deutschland ...*

»Stimmt. *SUPERillu* wird in jedem zweiten Wohnzim-mer gelesen. Tendenz steigend: Die Zahl der Leser wächst – und dies, obgleich es in vielen kleineren Or-ten des Ostens heute gar keine Zeitungsläden mehr gibt. Oft teilen sich zwei oder drei Familien ein Heft, einer holt *SUPERillu*, und dann wird sie weiterge-reicht ...«

Wie kriegen Sie das hin?

»Wir machen ein Blatt, das für die Menschen hier besser ist als jedes andere. Wir machen ihren Alltag transparent, gehen auf ihre Interessen ein. Eigentlich kann man in einem Satz sagen, wieso wir so erfolgreich sind: Wir sind die Medienheimat der Ostdeutschen.«

Und Sie berichten, wie schön der Osten ist.

»Die anderen Blätter überkippen alles mit Häme und Kri-tik. Wir versuchen, den Ist-Zustand zu beschreiben.«

Wie wichtig ist die DDR für SUPERillu?

»Na ja. Es geht da um die Lebensleistung unserer Leser. Um ihre Erinnerungen, ihre Jugend. Natürlich ist so was wichtig. Wir wären dumm, wenn uns das nicht interessie-ren würde.«

Gibt es andere Themen, die typisch sind, die ihre Leser in-teressieren?

»Geschichten aus dem wirklichen Leben. Keine abgehobe-nen Storys, sondern hübsch am Boden. Die Ostdeutschen wollen keinen Glamour, keine Schickeria, keinen Adels-klatsch. Die wollen die Promis von nebenan, wollen sich identifizieren können. Glitzernde Promiwelt – das funktioniert hier nicht.«

Wenn man gen Osten schaut: Was ist da für Sie vielleicht noch schwierig? Sehen Sie zwanzig Jahre nach der Wende Probleme?
»Na ja, vieles hat sich ja zum Guten gewandelt. Doch die Ostdeutschen selbst fühlen sich noch immer benachteiligt. Weil die Löhne und die Renten noch nicht angeglichen sind etwa. Die Menschen haben das Gefühl, viel und hart zu arbeiten, oft weite Wege in Kauf zu nehmen. Und dennoch werden sie schlechter bezahlt. Das Problem ist aber meines Erachtens auch eines der Wahrnehmung: Auch Westdeutschland ist nicht homogen, auch dort gibt es Wohlstandsgefälle. Und man vergleicht den Osten leider nicht mit der Lüneburger Heide oder dem Saarland, sondern mit dem Starnberger See. Das darf man natürlich nicht.«

Was darf man dann?
»Man muss schauen: Was hat sich verbessert? Aber das kommt bei manchen Unverbesserlichen heute natürlich auch nicht gut an. Menschen, die vom Wandel vergessen wurden oder diesen nicht in Anspruch genommen haben, wollen davon nichts hören. Die glorifizieren die DDR. Denen, denke ich, müssen wir auch schon mal die Augen öffnen, sagen, wie es früher war.«

Sind das Ihre Leser: die Unverbesserlichen?
»Auch. Klar. Aber es sind einfach alle. Wir erreichen fast jeden im Osten. Und es gibt viele, die die Fortschritte auch sehen. Erst vergangene Woche wieder schrieb mir ein Leser: ›Ihr Sonderheft wirkt wie ein Gegengift gegen all die Ostalgiker.‹ Wir hatten in einem *SUPERillu*-Spezialheft auf-

gezählt, wie es 1989 wirklich stand – etwa um Umwelt, die Wirtschaft, um Altersheime oder die Besitzverteilung.«

Und die, die so was nicht so gern lesen: Sind das noch viele?
»Das wird gerade, glaube ich, eher ein bisschen schlimmer: Die leiseste Kritik an der DDR, und schon türmen sich die Beschwerden: Kritik an der DDR, das empfinden manche als Angriff auf ihre Biografie. Die Wirtschaftskrise hat das nochmals deutlich verschärft.«

Woran merken Sie das?
»Neulich etwa haben wir beispielsweise eine Geschichte gemacht über die Ostsee als ›Badewanne der Einheit‹. Darüber, dass es in der Badehose keine Unterschiede gäbe, dass man sich da ganz vorurteilsfrei an der Strandbar begegnen könne, so was. Darin haben wir einen Westdeutschen zitiert, der Mitte der Neunziger das erste Mal an der Ostsee war, damals aber noch enttäuscht von der Infrastruktur, dem gastronomischen Angebot. Sofort hagelte es natürlich beleidigte Zuschriften à la ›In der DDR wurde auch mit Messer und Gabel gegessen‹ ...«

So wenig Souveränität ist typisch?
»Die Empfindlichkeit ist groß, das Selbstbewusstsein bei vielen leider nahe null. Der brandenburgische Ministerpräsident sagte mir letzte Woche erst, in Bayern höre er immer ›mir san mir‹, egal, worum es geht. Das könnten die Ostdeutschen doch auch einfach sagen. Platzeck hat recht, finde ich.«

Und die Westdeutschen, was sollten die besser machen, damit die Einheit Wirklichkeit wird?
»Viele treten noch immer ein bisschen arrogant auf. Die sollten offener sein, finde ich. Bis heute waren, soweit ich

weiß, nur zwanzig Prozent der Westdeutschen in den ostdeutschen Ländern. Unvorstellbar. Und viele sind einfach
auch nicht informiert: Wissen noch immer nicht, dass der
Soli von allen gezahlt wird, auch von den Ostdeutschen.
Und dass dieses Geld teils auch für Westdeutschland ver-
wendet wird, weil die Steuereinnahmen allgemein in den
Bundeshaushalt fließen, ohne Zweckbestimmung.«

13

Werder an der Havel:
Der Westen im Osten

Der Wald dampft. Wo einst Grenzanlagen standen, schaukeln heute die Segeljachten von Orthopäden, stehen die Landhäuser von Wirtschaftsprüfern. An der Alten Försterei, einem Restaurant hinter Potsdam, wo die ihren Wohnsitz haben, denen Berlin nicht schick genug ist, hängt noch immer das Plakat zum Männertag. So heißt der Vatertag im Osten. Vor dem Lokal steht ein Pärchen, nicht alt, nicht jung, beide braun gebrannt, beide tragen Kleidung, wie man sie auf den Flughäfen der Welt erstehen kann, und Schuhe, die nahelegen, dass das teure Cabrio auf dem Parkplatz ihres ist. Schuhe ohne Absatz und Senkel, Schuhe mit Gumminoppen, die auch noch die Kappe der Ferse hinauflaufen. Die beiden haben die Blicke nach unten gerichtet. Ist wer gestorben? Trennt sie sich gerade von ihm? Die Frau streichelt ihm über den zuckenden Rücken, sein Jacket ist verknittert. Der Mann und die Frau sind vertraut, und doch wahrt sie einen Arm lang Abstand.

In Busendorf, südwestlich der Hauptstadt, auf etwa halb acht, schlurft ein Grufti über den Zebrastreifen, und gleich zwei Trabbis warten, ein seltenes Bild. Noch immer verlangen die Autos von ihren Fahrern gebückte Haltung. Lothar Bisky von der Linken, die DVU und das Ritterfest Potsdam teilen die Straßenlaternen unter sich auf. Und zwischendurch ein Plakat, das über dem Bild eines Traktors eine »Deutsche Schleppmeisterschaft« ankündigt. Christian Ehler aus Bayern, ein Typ, von dem man sich in Berlin erzählt, er sei schon als Schüler eine ziemliche Nervensäge gewesen, geht für die brandenburgische CDU in den Wahl-kampf – keine Kandidaten aus dem Land?

Im Südwesten Berlins haben Häuser oft Backsteinsockel und -kanten. Es gibt Erdbeerfelder, auf denen man bald selber pflücken kann. »bei müller's schmeckt's am besten«, verspricht ein Schild ganz modern in Kleinschrift irgendwo hinter Caputh. Und dann: »historischer Stadtkern gerade-aus«.

Der Regen drischt auf die kleine Insel ein, als habe sie etwas verbrochen, und als ob das nicht genügte, haut ihr der Sturm mit zehn Beaufort kräftig eins auf die Dächer. Nachdem es vormittags noch 32 Grad hatte, viel zu heiß für die Jahreszeit, hat nun »Felix« Werder an der Havel fest im Griff – jenes Tief, das anderswo Bäume entwurzelt, Flugzeuge an den Boden fesselt, die Ernten verhagelt und Straßen unterspült. Mich durchnässt es nur bis auf die Knochen. Es ist der Tag, an dem Brandenburgs Erzieherinnen und Erzieher erstmals streiken und Armin Meiwes vor dem Bundesgerichtshof verliert – der Film über den »Kannibalen von Rotenburg« darf nun doch ausgestrahlt werden. Die atomaren Drohgebärden Nordkoreas beunruhigen die Welt, und der Springer-Verlag enthüllt in Berlin das verlagseigene Mauer-Denkmal.

Ich drücke mich in den Eingang eines frisch verputzten Stadthäuschens, in dem ein Glockenspiel im Wind klimpert. »Da jagt man doch keinen Hund auf die Straße«, rufe ich der Frau durch den Wolkenbruch zu, die mit ihrem Pudel auf dem Arm in der Tür gegenüber erscheint. Der Köter hat keine Chance: »Lauf, Erich«, schubst die Frau das Tier aufs Trottoir und lacht, aber Erich macht nur den Rücken krumm und postwendend kehrt, er will nicht Gassi gehen, er schüttelt sich, und sein Frauchen unter dem Schirm lacht und ruft: »Iih, Honecker!« An der Klingel, vor der ich den schlimmsten Regen abwarten will, klebt ein Sticker: »Initiative 2008 – zur besseren Verträglichkeit des Baumblütenfestes für die Stadt Werder (Havel).« Davon hatte mir der Zweite Bürgermeister, Hartmut Schröder, 62, CDU, schon berichtet: Die Wessis auf der Insel und ihre Initiative, auch dieses Jahr wieder. Der Ärger um das Riesenfest zur Baumblüte, zu dem jedes Jahr im Frühjahr Hunderttausende die Insel malträtieren, viel schlimmer, als ein Tief es je könnte: Dann werden Vorgärten zu Toiletten, Jugendliche üben sich im Komasaufen, und die Riesenräder und Geisterbahnen sorgen für Höllenlärm. Ein Stadtfest eben, zu groß geworden für eine kleine Insel. Die Einheimischen sagen: »Das Baumblütenfest gibt es doch schon immer«, verdrücken sich pragmatisch für ein paar Tage und räumen dann ein bisschen auf. Die Zugezogenen – Berliner, viele Bonner, denen es in der neuen Hauptstadt zu grau war, weitere Westler mit Hang zum Draußensein – wollen das Spektakel in die Schranken weisen. Doch Moment: Westdeutsche und -berliner in Ostdeutschland, und zwar so viele, dass sie Bürgerinitiativen gründen, eine Stunde vor den Toren der Hauptstadt?

Werder heißt wörtlich in etwa »vom Wasser umflossenes Land«. Ein Teil der Stadt ist Insel, drum herum also Wasser; die Havel, hier breit wie ein See. Und die Insel ist ein Flächendenkmal, dessen städtebauliches Konzept vor rund 400 Jahren entstanden ist. Was heißt: Hier darf nichts abgerissen, alles muss erhalten bleiben, und zwar vollständig. Das wiederum habe zur Folge, sagt Hartmut Schröder – ein sympathischer Mann in Jeans und blauem Karohemd, einer, für den man das Wort »jovial« hätte erfinden müssen –, »dass die Frauen mit ihren Stöckeln hängen bleiben«. Und dass es hübsch ist. Drum kommen die Westdeutschen. Und die Touristen. Letztere sogar in Massen: 1,2 Millionen Gäste pro Jahr, von denen im Schnitt jeder 3,9 – also fast vier – Tage bleibe. »Damit sind wir Spitze in Ostdeutschland.«

Jeder Vierte hier, sagt Herr Schröder in seinem Rathaus-Büro, lebe vom Tourismus. Von seinem Schreibtisch aus blickt er auf ein kleines Stückchen Havel und auf das Port-

rät Helmut Kohls im Regal, mit Glückwünschen des einstigen Kanzlers zu Schröders Fünfzigstem. Es gibt Obst-
plantagen und auch noch einen kleinen Rest der einst 240
Weinberge in und um die Stadt herum, samt einer Besen-
wirtschaft, fast wie in Süddeutschland. Denn früher, vor
der Eisenbahn, kam der Wein für die Höfe in Potsdam und
Berlin von hier, und heute noch werden in Werder bis zu
60 000 Flaschen pro Jahr gekeltert: weiß, rot und Sekt. Fischer holen aus der Havel, was eben geht, »die Gewässer
sind top«, sagt Herr Schröder. Im Winter kämen Tausende
aus Potsdam und Berlin zum Schlittschuhlaufen, drehten
Pirouetten zwischen Würstchen- und Glühweinbuden, blieben auch über Nacht. Und außerdem: »Die Potsdamer sind
manchmal ein wenig langsam, wenn ein Unternehmen sich
dort ansiedeln oder vergrößern will«, sagt der Politiker und
grinst. »Wenn wir davon in der Zeitung lesen, rufen wir den
Chef dieses Ladens einfach an.« So kam 2004 auch Schuke
Orgelbau nach Werder. Nur zum Beispiel.

Das 23 000-Einwohner-Städtchen ist also wohlhabend.
Oder jedenfalls, wie Hartmut Schröder es lieber ausdrückt:
»hat seit 1990 einen ausgeglichenen Haushalt«. Und stei-
gende Einwohnerzahlen – große Ausnahme im Osten. Eine
Leuchtturm-Stadt im tristen Drumherum, mit Läden für Olivenöl, Architekturbüros, die Planstudio heißen, mit einer
Nudel-Manufaktur, einer Crêperie, Häusern, an denen Wein
und Efeu ranken.

»Torre Daniela« heißt ein für Inselverhältnisse hohes rotes Haus mit grauem Tor allen Ernstes, ein Haus, an dem
ein aufgemotztes Drachenwappen prankt. Gegenüber sitzt
eine Antiquitätenhändlerin, aus dem Westen, so viel steht
fest. Allzu gern würde ich sie nach einer alten roten Bank
für den Balkon fragen. Sie jedoch sieht mich streng über
ihre Brille hinweg an, schaut auf meine Eistüte – eine kleine Kugel Erdbeer, hausgemacht – und statt einem »Hallo«
motzt sie nur: »Stecken Sie das erst mal weg.« Ich mache,
dass ich davonkomme.

Im Galerie & Café ist man viel freundlicher. Hier stehen Tische und Stühle, Neues, Altes, Antikes querbeet gemixt. Die neuen Besitzer sind erst seit einigen Wochen da. »An die Möbel musste ich mich erst ganz schön gewöhnen. In unserem alten Lokal hatten wir doch alles aus einem Guss«, sagt Annett Lilge, die durch die Schwingtür aus der Küche kommt und lächelt. Mittlerweile liebe sie jeden einzelnen Stuhl – und denke nicht im Traum daran, eine Tischdecke über die schönen Holztische zu legen. Mit ihrem Mann hatte die 35-Jährige davor den Seekrug in Schwerin betrieben, nahe jenem Teupitz, in dem ich neulich schon war, im Dahme-Seengebiet. »Toller Biergarten, Bootsanleger, alles.« Dennoch: Es sei nicht gelaufen, »es fehlte die Perspektive, alles noch alte DDR-Strukturen«. Die junge Ostdeutsche schüttelt sich. Werder jedoch sei schon immer anders gewesen, schon zu Ost-Zeiten: Wein vom Wachtelberg sei jedem DDR-Bürger ein Begriff gewesen, das Blütenfest, das Obst, »und Ketchup aus Werder war sehr bekannt«. Nun will Frau Lilge, dass ihre Kuchen und Torten ein bisschen bekannt werden. Gut fünfzehn backt sie für jedes Wochenende, alle selbst, immer vier Sorten: was Cremiges, was Fruchtiges, was Schokoladiges. Und eine leichte Käsetorte, die alle mögen. In ihrer Gaststube – grau verputzte Wände, etwas Kunst – stehen zwei alte Bulleröfen. Sie zeigt drauf und sagt: »Und wenn es, wie neulich, gegen Abend mal kalt wird, stelle ich ein Schild raus: ›Unser Ofen wärmt Sie wieder auf.‹« Schwupps, sei die Bude voll. An sich alles so einfach.

14

Berlin, Stadtteilbibliothek:
Ostdeutsche Unterhaltungskultur II

»Oma, de Weltfestspiele 1973!«, »Guggemol, Maik, de *Mosaik*-Heftchen!« Eine Familie – Oma, Vater, Mutter, Sohn – drängelt sich vor den Ausstellungsstücken in dem Museum gegenüber jener Brache, auf der einst Erichs Lampenladen stand, der Palast der Republik. Die fünf freuen sich, als sei Weihnachten, Ostern und Geburtstag auf einmal: Der Sohn, kaum zwanzig, ist happy, weil er glaubt, auf der Tafel, die die Aufgaben der FDJ-Pioniere beschreibt, einen Fehler entdeckt zu haben: »De ham de Altpapier-Sammlung vergessen!« Punker in der DDR? »So was gab's auf jeden Fall nur in Ostberlin«, meint die Mutter zum Bild eines Jungen mit angedeutetem Irokesen-Schnitt. Dafür findet der Vater im ausgestellten Trabbi etwas, was er heute sehr vermisst: ein Mundstück für die Mund-zu-Mund-Beatmung. »Da musste dich nich ekeln, Erika!«

Willkommen im DDR-Museum! Engländer, Japaner, Amerikaner bevölkern es. Und Ostdeutsche auf einer Zeitreise in ihre Vergangenheit. Eine Reise in das Land, in dem sie jung waren, ein Land, das es nicht mehr gibt. Ich stelle mir das komisch vor.

Eine Zeitreise ist auch mein eigentliches Ziel am heutigen Abend: In der Stadtteilbibliothek von Berlin-Lichtenberg, im tiefsten Plattenbauquartier, liest und singt Dagmar Frederic, die Stimme des Ostens. Die Darstellerin, Schlagersängerin, Moderatorin Dagmar Frederic, zu DDR-Zeiten gelegentlich auf persönlichen Wunsch von Erich Honecker besetzt, hat bei der Hasenjagd der Politbüromitglieder gesungen, den *Kessel Buntes* moderiert, im Oktober

1989 auf der Gala zum vierzigsten Jahrestag der DDR ge-
trällert, im Hotel Neptun mit den Oberen die Korken knal-
len lassen und schon damals einen Volvo gefahren. Sie
durfte in den Westen, schon vor der Wende. Heute tritt sie
überall auf, findet jedoch »die Häuser, die Orchester« im
Osten »einfach besser. Im Westen können die ja noch nicht
einmal Noten lesen.«

Die 64-Jährige klappert für ihr schon nicht mehr ganz
druckfrisches Buch, *Schürt das Feuer*. Wieso es so heißt,
wird mir trotz ihrer Erklärungsversuche nicht ganz klar, ist
aber egal: Es geht um die Karriere im Rampenlicht, um die
Liebe, um liebe und nicht so liebe Co-Prominente. Gut vierzig hartgesottene Fans sitzen vor ihr, ich bin der einzige
Frederic-Neuling. Hinter den Stuhlreihen Regale mit Video-
kassetten, beklebt mit den Ausleihnummern der Bibliothek. An der Wand zwei zusammengefaltete Rollstühle. »Wie
ein Kindergeburtstag« sei das heute für sie, sagt die Schlagersängerin und strahlt ins Publikum, »lauter liebe Freunde da.« Eine Frau in der ersten Reihe sagt laut und sehr
ernst: »Du bist für mich meine Freundin«, und manche kichern ein bisschen, zwei klatschen. Ein anderer Kinderge-
burtstagsgast, eine Zuhörerin im gelben Polohemd, so um
die siebzig, trocknet Tränen der Rührung. In der ersten Reihe sitzt eine Langhaarige mit dicker Brille und hautfarbe-
ner Bluse, vielleicht vierzig, die Hände im Schoß gefaltet.
Noch ein Paar im ähnlichen Alter und eins Mitte zwanzig,
er mit Schirmmütze. Die Augen des jungen Mannes glänzen, er knipst wie ein Wilder. Später wird er mir sagen:
»Das war die beste Lesung, die ich je besucht habe.« Alle
anderen Zuhörer aber fallen unter den Sammelbegriff Senioren. Und alle sind ostdeutsch. Es ist amtlich: Ich bin die
einzige Westdeutsche in diesem Saal. Selten habe ich die
Wirkung des Wortes »Wir« so sehr gespürt wie hier. Und
Angst, Minderwertigkeitskomplexe, Unsicherheit. Gefühle,
aus denen ein Blick auf die exklusiv, ohne Wessis, erlebte
Vergangenheit in der DDR retten soll, in *unserer* DDR, muss

man sagen, denn meist kommt das Kürzel ganz ungeniert samt Possessivpronomen.

Vor vier Jahren also schon ist das Frederic-Buch *Schürt das Feuer* erschienen, und noch immer tingelt die »Valente des Ostens«, wie sie Brandenburgs Ministerpräsident einst genannt hat, damit durch ebenjenen.

Immer wieder unterbricht sie ihre Texte. Dann versucht ein Helfer an der schon nicht mehr ganz aktuellen Stereo-anlage in der Ecke, die richtige CD mit dem richtigen Stück zu finden – nicht immer klappt's. Er drückt den falschen Knopf, das falsche Lied, es rauscht: Schlager-Fehlstart. Dann aber wirft Dagmar Frederic ihren Kopf in den Nacken und schmettert los, als säßen da noch immer ein paar tau-send und nicht vierzig Zuhörer im Publikum: »Ich bin noch immer da«, und wir, mehrheitlich weiblich, alt und ost-deutsch, summen mit. Sie singt auch von »heißen Sommern« und »heißen Blicken« und bittet als Dagmar-Evita »weine nicht um mich, Argentinien«. Eine Kurzhaarige in pflau-menfarbenem T-Shirt geht richtig mit, der ganze Körper wippt und bebt, »gleich wird sie aufstehen und tanzen«, denke ich, die meisten aber bewegen in ihren Gesundheits-schuhen nur die Zehenspitzen im Takt.

Frederics erste Küsse (mit siebzehneinhalb, ein Matro-se), Frederics Ehe Nummer fünf (Klaus Lenk, ein Mann im grauen Hahnentritt-Anzug, der auch im Publikum sitzt, ein Reiseunternehmer), ihre Tochter (Maxie, 24, eine Werbe-fachfrau), Frederics Ehrlichkeit (»Ich kann nicht lügen«), Frederics Sternzeichen (Widder), Frederics Alter (64), Fre-derics Schönheit (ohne OP) – im Prinzip geht es an diesem Abend um eins: um Dagmar Frederic und ihre Welt. Das mag, okay, legitim sein bei der Lesung einer Quasi-Biogra-fie. Dennoch spannt Frau Frederic den Bogen ziemlich weit. Das Dagmar-Thema sitzt, damit es alle noch lieber hören, wie auf einer watteweichen Wolke auf dem großen Über- re-spektive Unterthema »wir früher in unserer DDR«: Die DDR wabert durch den gebärmütterlich warmen Raum, und eingekuschelt ins kollektive Bewusstsein, gemeinsam etwas Besonderes erlebt und dabei viel gelernt und geleistet zu haben, schütteln die Zuhörer die Köpfe über »diese West-Journalisten« oder »diese Bedrohung durch Hartz IV«, die heute von einem auf den anderen Tag »zuschlagen« könne. »Seien wir ehrlich: Das hätte sich früher von uns niemand träumen lassen.« Die Zuhörer nicken, lauschen staunend Geschichten über »die Creme der DDR-Unterhaltungskunst« und erneut heftig nickend Sätzen wie denen, dass man »ja nicht sagen durfte, was man sagen wollte«. Dass heute mit einer Geldstrafe rechnen müsse, wer seinem Kind einen Klaps auf den Po gebe (kollektives Kopfschütteln), ist für die »Powerfrau« (O-Ton Dagmar Frederic) jedoch das Allerletzte. Und damit genauso berichtenswert wie ihr Zickenkrieg mit der »West-Frau« Katja Ebstein (zustimmendes Nicken), ihr Bandscheibenvorfall (wissendes, bedauerndes Nicken) und die Liebe (alle lächeln).

»Kinder der Liebe sind wir alle« singt »Daggy« und bittet ihre Fans dann, »nachher, bei einem Glas Wein, oder morgen beim Frühstück«, doch nochmals »ein paar Minuten über diesen unseren Themenkreis« nachzudenken. »Wir müssen uns heutzutage alle an die Hand nehmen«, predigt Dagmar Frederic, als plötzlich ihr Handy klingelt. Nein, nicht klingelt: Das »Yippie, Yippie, Yeah, Yeah« eines Kindes ist der Klingelton ihres Telefons, sie hat vergessen, es abzustellen. Die Bibliothekarin sagt zum Abschied, sie sei sicher, »dass uns um diesen Abend drei Millionen Berliner beneidet haben«, und dann stehen alle Schlange zum Signieren der Bücher.

15

In der finnischen Lausitz:
Land unter

Zwei Stunden sitze ich im Auto Richtung Süden, dann bin ich auf dem Mond. Beziehungsweise an einem Ort, der aussieht, wie ich mir den Mond vorstelle. Ich bin am Partwitzer See. Ostdeutschland, das ist auch Braunkohle. Der Tagebau hat Millionen Kubikmeter Erde bewegt. Deshalb waren im Land erst viele künstliche Löcher, nun gibt es künstliche Seen. Als hätte ein Riese in der Sandkiste gesessen, Kuhlen gebuddelt, die er nun mit Wasser füllt. In Nachterstedt, Sachsen-Anhalt, lässt sich das Land dies nicht gefallen. Dort rutschen zwei Häuser in einen Tagebausee, und drei Menschen kommen dabei ums Leben. Jetzt stehe ich an einem anderen Loch, am Ufer eines Sees, der zu einer künstlichen Seenlandschaft gehört, die einmal die größte Europas sein wird, und ich schaue hinab aufs Wasser, das noch tief unten ist – der See ist noch nicht voll. Vierzig mal achtzig Kilometer soll das Gebiet am Ende haben. Wasserwege werden einst die Seen verbinden, jetzt schon werden die Kanäle gebuddelt, und von oben betrachtet könnte man gut sehen, wie der Landschaft große blaue Augen wachsen inmitten von Schutt und Geröll.

»Der versaut dir das ganze T-Shirt!« Die sommersprossige Anka steht am Ufer und motzt den See an oder ihren Freund Ronny oder beide, ganz klar ist das nicht, und es ist an sich auch einerlei. Ronny hat, da der Wind eingeschlafen ist, seinen Neoprenanzug ausgezogen und trägt nun in Badehose und weißem T-Shirt barfuß sein Surfrigg vom Ufer zum Auto hoch. Der Partwitzer See mache doch diese verdammten Rostflecken, sagt Anka: So eisenhaltig sei das Wasser, das kriege man einfach nicht mehr raus.

Das Fluten dauert Jahre. Und auch, bis der Eisengehalt sinkt und man schwimmen kann, ohne dass die Badehose Rostflecken kriegt, bis der pH-Wert sich neutralisiert, bis Fische hier leben, vergeht viel Zeit: Im Partwitzer See jedenfalls lebt noch nichts. »Is doch noch alles Scheiße hier«, sagt die junge Frau noch einmal und schleudert ihre schlechte Laune in die Runde. Anka steht am dunkelgrünen Imbissstand von Radeberger Pilsner, blickt stumpf und düster in die mondartige Landschaft und nimmt einen tiefen Schluck. Mit einem richtigen Badesommer ist auch dieses Jahr noch nicht zu rechnen – noch fehlen gut 30 Prozent des Wassers, der Radeberger-Schirm sitzt wie ein Eisschirmchen über dem Ufer voller Geröll. Doch immerhin: Die Surf-Station, der Radeberger-Stand und das Infohäuschen der Aqua Terra, jener Gesellschaft, die dies hier alles veranstaltet, sind schon mal hier, für alle Fälle, sind gewappnet. Und ein paar Kilometer weiter, sagen sie mir, sei man auch wirklich schon weiter – dort solle ich mal lieber hin. Und so kommt's, dass ich heute, wo ich doch nach Sachsen wollte, doch wieder in Brandenburg gelandet bin: Senftenberg, einst Energiezentrale der DDR, glaubte ich bis dato im sächsischen Freistaat, und tatsächlich hatte ich auf dem Weg auch längst die Grenze zu Sachsen passiert. Doch das größte der ostdeutschen Länder will dann doch noch nicht zu Ende sein und nimmt hier nochmals einen Schluck aus der Pulle – Senftenberg liegt auch am See, seit über dreißig Jahren schon, und dieser See ist voll.

Hier also war aller Anfang: In Senftenberg hat man bereits 1967 vorgemacht, was nun im gesamten Lausitzer Seengebiet passiert, hat den Braunkohletagebau Niemtsch geflutet, die Schwarze Elster in dem Loch gestaut. Die Senftenberger können vor der Haustür plantschen, sieben Kilometer lang ist der Strand und nichts mehr zu sehen von den einstigen

Mondlandschaften. Heute jedoch liegt der See in Milchsuppe, und so strampeln nur ein paar Leute in Tretbooten aus Plastik über die spiegelnde Fläche. Sehr beliebt scheinen in der Gegend solche zu sein, auf denen Wasserrutschen thronen – ein Anblick, der an Schnecken denken lässt. Über den glatten Senftenberger See schieben also, eigentümliches Bild, langsam drei weiße Schnecken. Und am Ufer sitzt, auf einer braunen Decke, die 22-jährige Cindy Franke. Sie lernt für ihre Abschlussprüfung als Hotelfachfrau und schaut treuherzig. Mag sie es hier? »Schon, ja«, sagt sie. Aber alle seien fort: zum Studium oder zum Arbeiten im Westen oder in Berlin. Wäre ihre kleine Schwester nicht, sagt Cindy, wäre sie auch längst weg, und lächelt, als würde sie für diesen Satz um Verzeihung bitten.

Senfgelb sind die Häuser in Senftenberg, mit braunen Fensterläden. Es gibt auch solche in Mint und traurig-graue wie die Kneipe mit Namen Am Grubenrand. »Happy Birthday« flattert eine metallic-bunte Buchstabengirlande über dem Eingang, drei Menschen sitzen in Plastiksesseln beim Bier. Eine Frau fragt mich nach dem »Joop-Zenter«, doch leider kann ich ihr nicht helfen. Es gibt einen Tierpark in Senftenberg. Und einen McDonald's: Heute ist Kinderfest, bunte Luftballons hängen an der Hauswand des Schnellrestaurants, und der Hof ist voller Leute. Vielleicht sind die Straßen darum so menschenleer?

Es gibt in Senftenberg auch eine Skipiste, sogar im Sommer. Jetzt allerdings wird die Indoor-Skihalle – 130 Meter Abfahrt, bis zu 25 Prozent Gefälle, alle Schwierigkeitsstufen – renoviert, noch vier Wochen lang. Gegenüber dem Hallen-Ungetüm Snowtropolis hat nur ein Gasthaus geöffnet, das wirbt mit dem Satz: »Gemütlichkeit hat einen Namen.« Tiroler Stadl nämlich heißt der Laden; die gelungene Kopie eines österreichischen Fertighauses. Genau so stellt sich der gemeine Senftenberger so ein Alpenlokal vor. Beziehungsweise: Der Wirt glaubt, dass es sich der gemeine Senftenberger so vorstellt. Alles im Tiroler Stadl alpenländelt jedenfalls gemütlich: Musik, Speisekarte, die Tracht des Kellners. Außer dem Janker-Kellner und mir ist niemand da. Und der kann zu alledem nichts sagen, sagt er: »Nein. Dazu bin ich nämlich gar nicht befugt.« So sehe ich mich nur um: An den Wänden hängen Pistenpläne nicht nur aus den Alpen. Auch und besonders groß der des sächsischen Erzgebirge-Skiorts Geising. 666 Meter über dem Meer, drei Skilifte mit Kunstschneeanlage, viele Rodelhänge – es will wirken, als wäre es mindestens Davos. Und in einem alten Sesselliftsessel, der an der Decke hängt, sitzt eine mannsgroße Puppe und fährt gegen die Wand.

Senftenberg also. Ich will trotz allem eine Nacht bleiben. Hotel-Pension Mandy, blassgelb an der dicken Ringstraße, fällt gleich durch, ich fürchte mich vor einer Nacht in diesem Haus. Eine zweite, namenlose, sehe ich mir an. Die Teppichfliesen sind fleckig, die Fenster vergittert. Am See, in zweiter Reihe, steht, noch ganz neu und optisch total fehl am Platz, eines der größten Blockhäuser Europas: ein Hotel mit dem für Senftenberg hochtrabend klingenden Namen Lido. Lido, das auf Italienisch so viel heißt wie Nehrung, wie Strandhaken, und groß prangt auf dem Schild außerdem der Name Léon Wood. Die Léon-Wood-Blockhaus-GmbH hat den Blockhauspalast hier hingesetzt, sozusagen als eine Art Super-Musterhaus: über neun Kilometer Rundbalken wurden verbaut, in Gästezimmern und Suiten auf drei Etagen, der hauseigenen Brauerei, der Havanna-Bar. Das Hotel wirbt: »In karibischer Atmosphäre werden dem Gast bei Livemusik erfrischende Getränke und kleine landestypische Snacks serviert. Der Zigarrenliebhaber kann hier die kubanische Monte Christo oder die Cohiba genießen.« Ich würde was geben zu erfahren, ob überhaupt je ein Cohiba-Raucher die Stadt betreten hat. Wäre dieses Hotel ein Mensch, so trüge es weiße Cowboystiefel, ein helles Jeanshemd mit Perlmuttknöpfen und diese in den Achtzigern mal modische Westernkordel um den Hals.

Dieter Schenkling ist der Geschäftsführer von Léon Wood, und er sitzt im Auto, als ich ihn erreiche. »In der Lausitz entsteht Neu-Finnland, was einzigartig Neues«, ruft der 49-Jährige begeistert in die Freisprechanlage, und dass das Lido schon jetzt eine »Auslastung in Richtung von 90, 100 Prozent« habe. »Das Besondere bringt's, das Ökologische ist eine völlig neue Schiene!«, verabschiedet sich Herr Schenkling fröhlich von der Autobahn.

Nicht aus Überzeugung, eher aus Verzweiflung lande ich in einem Bau in Tankstellenblau, der mir für den Moment jedoch etwas angenehm Unprätentiöses auszustrahlen scheint: nicht Tirol, nicht Finnland, nicht Havanna, sondern einfach nur Senftenberg und sehr gewöhnlich, aber ohne vergitterte Fenster. Im Strandhotel waren früher, zu DDR-Zeiten, die Büros der Wasserwirtschaft untergebracht; das Ding ist also ein wirklich komplett charmefreier Zweckbau. Dafür hat es, der Name sagt's, den Vorzug, direkt am Wasser zu stehen: erste Reihe, nicht – wie das Lido – zweite.

Ein kleines blondes Männchen steigt aus einem sehr großen schwarzen Mercedes mit Dresdner Kennzeichen, trifft sich mit einem anderen Anzugträger im Glasanbau. Die beiden essen Knacker mit Senf, scheinen über Geschäfte zu sprechen. Ein Ehepaar aus dem Rheinland beschwert sich an der Rezeption, dass ARD und ZDF nicht zu empfangen seien. Und drei ältere Damen, zwei mit Dutt und eine mit langen welligen Haaren, mit Kämmchen aus dem Gesicht gesteckt, feiern den Geburtstag derer in Flieder. Sächselnd sitzen sie im Foyer, sprechen über schöne Gärten. Auf dem Tisch liegt eine hellblaue Tüte von Douglas neben einem Strauß roter Nelken.

Eine Wolke aus Pommesfett hängt in der Luft, alles andere ist unauffällig: Aufgemöbelt mit den Insignien der gesamtdeutschen Hotelbranche und Aquarellen an den lachsfarbenen Wänden ist das Wasserwirtschaftsgebäude eben jetzt ein Hotel und stört nicht weiter. Mein Zimmer blickt sogar aufs Wasser, wenn auch das riesige Dach der Terrasse gut die Hälfte des Ausblicks versperrt. Über dem mit einem großen Fernseher zugeparkten und somit nicht benutzbaren Schreibtisch (Eiche-Nachbildung, mit Minibar) hängt ein Sparkassenkalender. Er zeigt das Bild eines Fachwerkhauses. Ich habe Glück, sagt der junge Angestellte, der mir die Tasche aufs Zimmer trägt. Die Teams des Deutschen Tourenwagen-Master-Turniers, das übers Wochenende auf dem EuroSpeedway Lausitz stattfand, seien vor zwei Stunden abgereist. »Davor waren wir rappeldicht.« Ich habe wirklich großes Glück.

Dicke Sofas stehen auf der Terrasse des Restaurants am See, wo ich noch einen Orangensaft trinken will, moderne Draußen-Sofas mit Kissen, ein Café, wie man es auch in Hamburg finden könnte. Eine Frau mit lila Haaren, den Seidenpulli in die Jeans gestopft, schlürft einen Cocktail, ein Paar mit Kind teilt sich ein Eis. Die Bedienung, die offensichtlich dem Feierabend entgegenfiebert, nimmt alle Polster weg und räumt sie ins Haus. Als ich leise protestiere, weil das um halb neun nach leicht verfrühtem Rausschmiss riecht, zuckt sie nur mit den Schultern und sieht mich mürrisch an. Doch ihre Kollegin zwinkert mir zu, wissend, und dies empfinde ich als eine Freundlichkeit, die mich für den Rest meines Aufenthalts in Senftenberg milde stimmt.

Bergleute haben einst hier gelebt. Schienen, ein paar Loren, Kneipennamen und »Glück-auf«-Schilder zeugen noch immer davon. Die Luft war schmutzig, die Häuser grau. Nun wohnen die Menschen zwischen Seen, sitzen auf Terrassen am Wasser, tragen Cocktails an Bistrotische. Der Umbau der Landschaft hat Folgen, das Wasser tut den Seelen gut. Doch eine Urlaubslandschaft wie am Chiem- oder Bodensee wird hier so schnell kaum entstehen. Statt großer Marinas säumen Plattenbautenriegel die Ufer. Statt um ihr Segelboot sorgen sich die Menschen um ihren Arbeitsplatz, anstelle schicker Boutiquen gibt es hier Penny, Kaufland und Plus. Und als ich drei 15-Jährige auf der Straße frage, ob sie wissen, was hier früher war, schauen sie mich fragend an: »Wie?« Dass es den See nicht immer schon gibt, ist ihnen entfallen. »Und die DDR, wisst ihr, was das war?« »Ja, das war ganz gut da, glaube ich,« sagt die Größte des Trios.

Die Krise bei Opel ist derzeit überall ein Thema. Nicht so im Senftenberger Regionalfernsehen WMZ. Hier wirbt nur das Autohaus Hanuschka für den Kauf eines Fahrzeugs dieser Marke: »Wir stocken die Abwrackprämie auf«; den Opel Astra etwa gäbe es nun mit 6000 Euro Rabatt. Gleich darauf hat Bürgermeister Andreas Fredrich, SPD, das Wort. Die Zahl der Arbeitslosen sei um 200 gesunken, berichtet er der Reporterin, einer stämmigen Frau mit Brille, die die Ärmel ihrer Kreppbluse weit hochgekrempelt hat. Noch immer aber haben 19 Prozent der Menschen in Senftenberg keinen Job. Dann bringt WMZ: Berichte über das alte DDR-Puppenspiel mit Pittiplatsch und seinen Freunden Schnattchen und Co., über die Sanierungsarbeiten in der Kita Spielkiste, Fahrerflucht nach Sachschaden, den Betrieb der Parkeisenbahn. Und dann, plötzlich, springt die Lautstärke des Fernsehers um ein paar Stufen nach oben: »Heut Nacht komm ich über dich! Das macht Spaß, das macht Spaß!«

Zu dem Lied hampeln Schülerinnen und Schüler einer neunten Klasse ohne erkennbare Bewegungsmuster im Raum herum: Die Senftenberger Jugend tanzt zur Neuen Deutschen Welle, die gut zehn Jahre vor ihrer Geburt über Deutschlands Westen und von dort vielleicht auch über die Mauer nach Senftenberg schwappte. Der Moderator bezeichnet das Ganze als »Kulturprogramm« und »Dankeschönveranstaltung für Praktikumspartner«. Eine Veranstaltung also für Firmenchefs, die Schüler als Praktikanten eingestellt hatten. Ob die das als Dankeschön empfanden, wird nicht gesagt. Dann, hier erstaunt wirklich nichts mehr, nennt der WMZ-Wetterbericht tatsächlich das Wetter für

Freitag, also für vorvorgestern. Und wir dürfen nochmals in ein Autohaus blicken, werblich oder redaktionell, egal, jedenfalls nun Citroën. »Wir bedanken uns, dass wir zu Gast sein durften in deinem Autohaus«, sagt der angegraute Moderator strahlend, reicht dem ebenfalls strahlenden Autohausbesitzer die Hand und braust in einem gelben Citroën davon.

16

Weißwasser:
Tourismus im Formtief

»Wer Weißwasser kennt, der weiß, was er kennt«, lautet das Motto der Stadt im nördlichen Sachsen, und auch, wenn ich nicht auf Anhieb begreife, scheint mir der Satz heute, da ich das erste Mal hier bin, nichts Gutes zu verheißen.

Wieder stehe ich an so einem Megaloch in der Lausitzer Erde. Dieses jedoch hier ist viel größer, es ist noch in Betrieb, es ist ein schwarz-brauner, 9300 Hektar großer gefräßiger Schlund – und 9300 Hektar, das sind 93 Millionen Quadratmeter, immerhin. Durch dieses Loch fressen sich SRs 6300, der große Schaufelradbagger im Vorschnitt, und SRs 2000, sein kleiner Bruder. Weit unten auf dem Boden fahren winzige Lastwagen. Vom Turm am Schweren Berg aus – welcher Berg? – schaue ich gen Osten, sehe Vorfeldberäumung, Abraumförderbrücke, Kippe. Es handelt sich um ein Loch, das weit davon entfernt ist, ein See zu werden. Viel zu viel Braunkohle steckt noch dort unten, in tiefen Falten legt sie sich ins Innere der Erde. Das Loch wandert, es wächst, es frisst. Für alles, was auf Kohle gebaut ist, gibt es kein Pardon. Es frisst auch, mit großem Appetit, die Hoffnung der Menschen in dieser Stadt.

Rund siebzehn Millionen Tonnen Braunkohle fördert das Energieunternehmen Vattenfall Europe Mining AG bei Weißwasser pro Jahr. Da die Lausitzer Flöze von einer dicken Gebirgsschicht überlagert werden, müssen, um eine Tonne des schwarzen Goldes zu erhalten, sieben Kubikmeter Gestein weggegraben werden: Die Bagger also fressen viel. Doch der Tagebau versorgt Boxberg, das Kraftwerk, und füttert auch die Brikettfabrik Schwarze Pumpe. Und da Vattenfall der größte Arbeitgeber der Lausitz ist, halten viele still: Rund 7000 Menschen arbeiten dort. Und Vattenfall zahlt Gewerbesteuern, die die Stadt dringend braucht. Weißwasser also steckt in der Klemme.

Diese Metropole im niederschlesischen Oberlausitzkreis ist vermutlich nicht halb so groß wie der Wiener Zentralfriedhof, aber doppelt so tot. »Die sind total fertig«, sagt Frank Schwarzkopf, 53-jähriger Stadtteilkoordinator, und mit »die« meint er die Einheimischen, die, die noch hier wohnen, oder jedenfalls viele von ihnen: Die Menschen haben keine Arbeit, kein Geld, ihre Kinder wohnen längst im Westen. Wo einst Kiefern-, Birken- und Stileichenwälder waren, in denen die Leute Pilze suchten, wo Wiesen waren, auf denen sie als Kinder spielten, Dörfer, ihre Elternhäuser, Friedhöfe, befindet sich ein Loch. Demnächst ist wieder ein Waldstück mit uralten Eichen dran. »Hier war früher meine Laufstrecke«, sagt Schwarzkopf und weist ins Schwarz, in Richtung Boxberg.

Probleme mit der Familie, mit Freunden, mit der Gesundheit lassen selten lang auf sich warten bei denen, die so viel verloren haben, und das Arbeitslosengeld I oder II reicht dann noch nicht einmal, um Reißaus zu nehmen. Für diese Menschen wird Weißwasser zu einer Art Knast. Als wäre das nicht schon genug, werden ihre Wohnungen abgerissen, »rückgebaut«, wie es im Fachjargon heißt. Denn der Ort soll von den Rändern her schrumpfen: 5000 Wohnungen, zu DDR-Zeiten heiß begehrte Plattenbauetagen direkt am Waldrand, sind schon weg. Die Bewohner mussten ins graue Zentrum umziehen, in Häuser wie den »Blauen Engel«, wie hier ein Megabau, blau angemalt, im Volksmund heißt – ein Gebäude, in dem man depressiv werden muss. »Seniorengerecht, mit Fahrstuhl und so«, sagt Frank Schwarzkopf.

Auf dem Schreibtisch das Foto des jüngsten Enkels, erst ein paar Wochen alt. Das Telefon klingelt. Schwarzkopf sucht irgendwas im Regal. Dann läutet das andere Telefon, sein Handy, er bittet Gesprächspartner eins zu warten. Sein Ellenbogen fegt eins der Kuscheltiere, die das Büro bevölkern, ein Eichhörnchen, auf den Boden. »Mach das mal, Thorsten, du kannst doch mit dem!«, ruft Schwarzkopf in den Hörer, legt auf, kehrt zum ersten Telefonat zurück, zu einem Timo, und zeigt für mich nebenbei auf eine Karte, die an der Tür hängt: die Zukunft der Stadt. »Das aber«, flüstert er in einer Gesprächspause und fährt mit dem Zeigefinger um einen hier schon eingemalten See, »werde ich nicht mehr erleben – 2050 soll der Tagebau dann geflutet werden.«

Herr Schwarzkopf wirkt ein bisschen, als hätte er zu viel Kaffee getrunken oder auch viel zu viel, wie einer, der am liebsten alles auf einmal machen würde, allen helfen, alles regeln, erklären, da ist es kein Wunder, dass er den einen oder anderen Faden im Gespräch auch mal verliert. Er überschlägt sich fast beim Sprechen. Einem wie ihm jedoch sieht man auch alles nach. Beim Rundgang zeigt er stolz: das Gardinengeschäft, das sich wacker hält, die Drogerie, die es schon seit der Wende macht, das Beerdigungsinstitut, den Laden für Geschenkideen. Und einen kleinen Parkplatz am Glasdenkmal aus DDR-Zeiten, zwischen einigen Plattenbauriegeln und der Stölzle Lausitz GmbH – einer der beiden Glashütten, die von den einst elf übrig blieben. Dieser Platz wird soeben mit Sand zugeschaufelt: »Hier kommt eine schicke Strandbar hin!«, sagt der Stadtteilkoordinator, und er schaut auf diese im Entstehen befindliche Attraktion wie ein Feldherr übers eroberte Land.

Menschen, denen wir auf der Straße begegnen, versuchen oft wegzusehen. Als hätte man sie eben in flagranti ertappt. Die Kehrseite des ökonomischen Wendemanövers lässt sich in dieser Stadt live erleben, und ich frage mich: Wie bloß soll man sich gegen die Traurigkeit wappnen, die einen hier überfällt? Mit lustigen Schneemännern auf dem Fensterbrett, mit Katzen aus Plüsch auf der Hutablage? Mit dem Besuch der Sonderausstellung »Wirtschafts- und Blei-kristallgläser aus DDR-Produktion«, der einzigen Kultur-veranstaltung in diesem Monat?

Bei der Verteilung der Probleme hat Weißwasser, so scheint es, etwas arg viel davon abgekriegt. Bei der Verteilung des Schönen nicht. Die Stadt steht deshalb bei vielen Rankings ganz unten, etwa beim Einkommen oder auch bei der Wahlbeteiligung. Oder ganz weit oben, beispielsweise in puncto Schrumpfen. Drum war Gerhard Schröder da, als er noch Kanzler war, drum war Horst Köhler da, viele Journa-listen. Rund die Hälfte der Einwohner ist weg. Und neulich hätte in *Bild* gestanden, dass knapp fünfzig Prozent der Weißwasseraner Kinder, die noch hier seien, unterhalb der Armutsgrenze lebten. Das stimme zwar, sagt Schwarz-kopf. Andererseits will er so etwas eben doch nicht lesen, weil das doch demotiviert: Es ginge doch um mehr als bloß um Zahlen. Weißwasser habe mehr Sportvereine als die meisten Orte dieser Größe. Die berühmten Füchse, eine Eissport-Mannschaft, die TSG Kraftwerk Boxberg/Weißwas-ser, den Tanzsportclub Kristall oder den Knappsportver-ein 90. Dann den Tierpark, den Braunsteich. Das sei doch toll.

Die Hälfte der Weißwasseraner ist dennoch gegangen, trotz Sportvereinen, trotz Tierpark, trotz Bleikristallgläsern. Die Stadt ist leer. Handwerker, die noch hier sind, nehmen Auf-träge in Hamburg oder München an, hier gibt es keine, und selbst Stadtteilkoordinator Schwarzkopf wird von einer Firma in Stuttgart bezahlt: Die Stadt sei pleite, »handlungs-unfähig«, sagt er: Die notwendigen Erneuerungen nach der Wende – Strom, Wasser, Abwasser, Straßen beispielsweise – erforderten so viel Geld, dass bis heute nichts mehr ginge; ein Stadtverein organisiert nun Stadtfeste, kümmert sich um benachteiligte Kinder, versucht Mut zu machen und alles in allem dafür zu sorgen, dass auch eine schrumpfende Stadt Heimat bleibt. Und er betreibt die Touristeninformation – an einem Ort ohne Touristen.

Verona Gröschner, drei Kinder, alleinerziehend, ist die Fremdenführerin und überaktive Mitarbeiterin dieser Institution, die der Stadtverein am Bahndamm eingerichtet hat, gegenüber vom »Bierbud'l mit den netten Mädel's«. Sie ist auch erster weiblicher »Botschafter der Oberlausitz« und Mitglied von gleich sechs Vereinen. Und sie ist immer unterwegs: »Ich mache alles im Auto«, sagt sie, »essen, telefonieren, mich umziehen.« Ihr Opel gibt verdächtige Laute von sich, doch Frau Gröschner lacht nur und fährt schnell weiter. Wovon sie träumt? Von Touristen natürlich! Denn es läge doch auf der Hand: Bad Muskau, die Kurstadt an der Lausitzer Neiße mit dem Welterbe-Park von Pückler, Görlitz, der Findlingspark, in dem die dicken Steine landen, die der Tagebau nach oben schwemmt. Die Waldeisenbahn, der Braunsteich, der Karnevalsverein, der Leierkastenmann Hatzeblümel, der Kohlenstaubplatz, auf dem die Kinder im Winter rodeln, und natürlich die Faszination Tagebau: »Wir sind hier mittendrin«, sagt die schlanke Frau mit dem rotbraunen Bob und glüht vor Begeisterung. Sie glaubt es wirklich: dass Weißwasser der ideale Urlaubsort sei, Ausgangspunkt für Ausflüge in die Gegend. Ein Sechzigerjahre-Tierpark in Spielzeugformat ist ihr Urwald, ein Badeteich im Wald ihre Meeresbucht, ein paar sorbische Schrotholzhäuser ersetzen ihr jedes Museum. Und dann sind da noch die Lama-Trekking-Touren, die bald in der Umgebung stattfinden sollen. »Wir müssen einfach nur klappern«, sagt Frau Gröschner und lacht. Sie und Herr Schwarzkopf kämpfen für ihre Stadt, als wäre sie ein behindertes Kind. Die beiden sind mir zutiefst sympathisch, ich habe gar nichts gegen Weißwasser – ich wünsche allen viel Glück. Sehr zuversichtlich bin ich nicht.

17

Das Zittauer Gebirge:
Denkmalschutz auf sächsisch

Durch einen langen Wald, gesäumt von Sand und Muskauer Heide, fahre ich über die Landstraßen Sachsens Richtung Süden, vorbei an Feldern mit jungen Maispflanzen, an Mohnblumen und Lupinen, vorbei an einem Baggersee voller Schaumkronen. »Wurst ist uns nicht wurst«, wirbt eine Fleischerei und für »Sachsengold« ein Schild. »Ursel's Frisurenstudio«, »Moni's Softeis«, kaum ein Mensch. Bautzen lasse ich rechts liegen. Radio Lausitz klappert für seinen Klapperstorchreport, ich warte an Baustellenampeln und biege dann irgendwann ab, nach links.

Der liebe Gott am Straßenrand, eine Insel in jener Steppe, für deren Ödnis man ihn nicht verantwortlich machen kann. In Herrnhut, dem Sitz der Brüdergemeinde und einem Ort, der dank seiner hübschen Häuschen eine für die Gegend untypische Eleganz ausstrahlt, halte ich kurz an; ich will mir die Beine vertreten. Von hier stammen die Sterne, die zu Weihnachten auf dem Balkon so schön leuchten. Hier ist nicht Osten, nicht Westen, vielleicht ist hier so etwas wie Himmel, wer weiß. Die Losungen der Herrnhuter, deren Religion eine Variante des Pietismus ist, stehen auf keiner Bestsellerliste, erreichen aber jährlich Millionenauflagen in aller Welt: »Ich, ich bin der Herr, und außer mir ist kein Heiland. Jesaja 43,11«; so und recht ähnlich lauten die Bibelsprüche, mit denen diese christliche Unität versucht, die Welt zu bekehren. Außer zwei Mädchen, die Gummitwist spielen, ist es aber auch hier menschenleer. Ich spaziere hinauf zum »Gottesacker«. Die schlichten, ebenerdigen Gräber sind nicht umfriedet. Man streut Grassamen über die Grabstellen in der Hoffnung, er möge aufgehen und die Toten auferstehen.

Ein Sonnenstrahl trifft eins der Gräber und lässt es glühen, als warte da eine Nachricht von oben. Ein Mann kommt, der die Gräber besucht. In der DDR hätten es die Herrnhuter natürlich nicht leicht gehabt, berichtet er. In einer Sache jedoch waren sie sich mit den Sozialisten einig, zumindest in der Theorie: »Die Menschen sind gleich.« Und weil sich nach der Überzeugung der Herrnhuter kein Mensch über den anderen erheben solle, lägen sie auch hier in lauter gleich großen Gräbern nebeneinander: Missionare und Missionierte, Afrikaner, Eskimos und Menschen aus der Karibik neben denen, die aus diesem kleinen Ort nie herausgekommen sind. Die Männer links, die Frauen rechts, für jeden und jede eine flache Steintafel mit den wichtigsten Daten und einem Bibelspruch – das muss reichen. Aber eine Predigt bekomme jeder Tote. Und »ein guter Herrnhuter schreibt seinen Lebenslauf auf, damit der Pastor bei der Beerdigung nicht so viel zu lügen braucht«, sagt mir der Mann im Anzug, von weither angereist. Der Ort ist still, sehr still. Nicht nur auf dem Friedhof.

Ich fahre weiter. Weiter nach Osten, bis es nicht mehr weiter geht.

Leinwandhändler und Tuchmacher hatten einst eine Menge Geld in die Stadt gebracht, was Zittau zu einer der reichsten Städte Sachsens machte. Leider war der Reichtum nicht so reich, dass er bis heute gereicht hätte. Nun sind gut 15 Prozent der Menschen ohne Arbeit. Fast 5 000 Wohnungen stehen leer. Doch immerhin: Die Luft ist jetzt sauber, die Zittauer Häuser in den mit kindskopfgroßen Steinen gepflasterten Gassen sind fördermittelsaniert und pastellfarben statt grau, Bausünden sieht man im Zentrum kaum. Derlei umgürtet bloß die Stadt. Imposante Bürgerhäuser, das Rathaus von Schinkel am Marktplatz, die vom selben Baumeister entworfene barocke Johanniskirche. In Richtung »Fastentuch« weisen mehr Verkehrsschilder als in alle anderen Richtungen, man könnte den Stoff, der einst zur Fastenzeit in katholischen Kirchen den Blick aufs Kruzifix verwehrte, nicht verfehlen, selbst wenn man es wollte. 8,20 Meter hoch und 6,80 Meter breit wird das Zittauer Fastentuch hier in der größten Museumsvitrine Deutschlands gezeigt, und wenn auch nicht das Tuch, so steht damit immerhin die Vitrine im *Guinness Buch der Rekorde*. Es gibt in Zittau auch ein Theater, das sich wacker hält, Kneipen wie die Zum alten Sack im Marstall, der ehemaligen Salzkammer der Stadt, oder Läden, wo Sachen wie Europatee verkauft werden, 100 Gramm zu 2,50 Euro. Von Europa ist dieser Tage sowieso überall die Rede, auf Plakaten, in Schaufenstern, in der Zeitung, und das Parken ist so billig, dass es auch für die noch neuen EU-Nachbarn jenseits der Grenzen erschwinglich ist.

Vor der Wende hat man Polen und Tschechen nicht gebraucht: Da reichten die DDR-deutschen Touristen. Ohne Werbung und Verwöhntourismus kamen die anspruchslosen Wandervögel, Kneipp-Kurgäste und Spazierstockschwinger. Zu DDR-Zeiten hatten die staatseigenen Erholungsorganisationen die Werktätigen zu Tausenden in die Region gespuckt: Von 1. Januar bis 31. Dezember waren die Betten ausgebucht. Heute kommen viel weniger Gäste, denn nicht nur die Konkurrenz im Erzgebirge, im Thüringer Wald und im Harz hat nun Betten frei, sondern die ganze Welt. Die Region jedoch versucht es weiterhin mit ostigen Fremdenzimmern und Ferienwohnungen vom alten Schlag; eine andere Idee für sich scheint sie noch nicht recht zu haben. Damit ähnelt der Landstrich vielleicht dem Mädchen mit den burgunderroten Haaren, das sein Fahrrad an ein Verkehrsschild gelehnt hat, sich mit einer Hand abstützt und in den Straßengraben kotzt. Auch sie weiß vielleicht nicht, wohin mit sich. Jung sein, vermute ich, ist in dieser Gegend nicht unbedingt ein Zuckerschlecken. Nur fünfzehn mal fünf Kilometer misst das Spielzeuggebirge im Dreiländereck, so richtig hoch- und runtersteigen kann man also bloß auf einer eben mal gut Bettvorleger großen Fläche: ein Gebirgchen, das nach Tschechien hineinzipfelt und von dem aus man nach Polen hinüberspucken könnte; winzig. Mit sächsischer Liebe zum Superlativ rühmt man sich in dieser Ecke, der Größte zu sein, weil man der Kleinste ist: das kleinste Mittelgebirge Deutschlands. »Klein« bezieht sich auch auf die Höhe: Noch nicht einmal zu einem Achthunderter hat es gelangt, nur 793 Meter erhebt sich die Lausche über dem Meer, und der Rest klettert kaum 600 Meter in die Höhe. Doch liegen die Wiesen wie Plumeaus zwischen die sanften Erhebungen gebauscht, und putzige Holzhäuschen stehen in kunterbunten Bauerngärten. Es gibt über achtzig bizarre Sandstein-Klettergipfel, Kapellen und Wegkreuze alle Nase lang und an die Ränder der Dörfer gekleckert teils auch schöne alte Villen. Die Basisstationen der Kurzurlauber heißen: Luftkurort Jonsdorf, Waltersdorf, Spitz- oder Obercunnersdorf, der »Denkmalsort der Oberlausitz«, oder auch Oybin, ein Ort, der als besonders romantisch gilt.

Viele, die hier leben, stammen aus den Ortschaften jenseits der heutigen tschechischen Grenze: aus Grotland (Hradek), aus Petersdorf (Petrovice), aus Deutsch-Gabel (Jablonne) oder Reichenberg (Liberec). Nach Krieg und Vertreibung blieben die Familien ein paar Kilometer weiter nordwestlich, nahe ihrer alten Heimat hängen, und viel mehr als an der Grenze zu Polen sprechen hier nicht nur die Nachbarn Deutsch, sondern auch Deutsche Tschechisch. Die Kosmetikerin allerdings, die mir hier den Nacken massiert, sagt: »Die Polen und die Tschechen, die gehen mir so was von am Popo vorbei.« Ich schwöre: Genau so sagt sie's. Doch über die Grenze für Brot und Benzin, das ist ihr eben, nach einem Tag voller Peelings und Masken, einfach zu blöd.

Ich keuche. Die Treppen hinauf auf die auf dem riesigen runden Felsen thronende Kathedral-Burg Oybin. Caspar

David Friedrich hat sie berühmt gemacht. Auch Eichendorff fand hier Stoff für Verse der Sorte »O Täler weit, o Höhen, o schöner, grüner Wald, Du meiner Lust und Wehen«. Hier oben hat einst mit langen Haaren der berühmteste unter den zeitgenössischen Oybinern gepredigt, der Pastor und spätere Innenminister Sachsens Heinz Eggert. Nach der Wende war er politisch gestolpert, weil er – in Dresden! – gleichgeschlechtlich geküsst haben soll. Doch einerlei: Dies ist eine Tatsache, die Oybin auch über die Rucksack-szene hinaus bekannt gemacht hat.

Die bäuerlich-barocke Bergkirche ist eine Art Heirats-Su-per-Wallfahrtsort. Heute allerdings nicht, heute heiratet niemand. Am Fuß der Treppen kein Geschäft, das einlädt, näher zu treten. Ein bisschen Souvenirkitsch, ein Pizzala-den, ein Blumengeschäft, das wirkt, als habe man es eben ausgeraubt: neben Topfpflanzen mit Herzchenklammern rosa Nelken und Gerbera. Löwenmaul? Margeriten? Pfingst-rosen? Schließlich sei jetzt die Zeit dafür? »Hamwer nich«, sagt die Verkäuferin und sieht mich an, als hätte ich nach etwas Unanständigem verlangt.

Der *Burgkeller* ist kein Keller, sondern ein ebenerdig gele-genes Lokal, vor dem ein paar Plastikstühle auf Waschbe-tonplatten stehen. Daneben reihen sich ähnlich unattrakti-ve Kaschemmen. Schlager schallen aus Innenräumen, ein paar junge Menschen, die aussehen, als würden sie die Kleidung ihrer Eltern auftragen, sitzen davor. Ich kehre ir-gendwo ein. Ein Gruppe am Nachbartisch berät, was Wald-meister sei und was eine Waldmeisterbowle, und dann sprechen die Thüringer wieder über Geld: Was das Benzin hier kostet und das Fremdenzimmer und das Bier, vor dem man sitzt. Überall in Ostdeutschland, so mein Eindruck, wird andauernd über Materielles gesprochen. Weil man Mangel leidet? Weil andere Inhalte fehlen?

Ich frage die ältere Bedienung, wie Oybin zu DDR-Zeiten war. Ihre Erinnerungen an damals? »Nur Schönes!,« sagt die

Frau in Schürze, verweigert aber jedes weitere Gespräch. Obgleich wenig los ist an diesem Tag, dreht sie sich schnell weg – Dialog nicht möglich, wie so oft.

In der anderen Ecke hat eine junge Frau, ihr Mann nennt sie »Mutti«, Stress mit ihren Söhnen im Grundschulalter. Ich kippe einen Cappuccino herunter, einen Filterkaffee mit Sahneklecks. Eine andere Servicekraft – Dirndl, dicke Brille, das fettige Haar stramm zusammengebunden – stellt mir die Tasse wortlos hin, in der gewohnt lieblosen Ost-Manier. Schon nach Minuten breche ich wieder auf, das touristische Zentrum Oybins ist kein Ort, an dem man gern verweilt. Ich laufe ein Stück über Wiesen, und unterwegs klaue ich eine Handvoll Erdbeeren, leuchtend rot und ziemlich süß.

Die Frankfurterin Sabine Bach, eine aparte 50-Jährige, die ich in Großschönau besuche, hat sich von miesem Cappuccino, Plastikstühlen und DDR-Relikten nicht abschrecken lassen. Sie hat hindurchgeguckt durch derlei, hat gesehen, was sie stattdessen sehen wollte. Mit erdverkrusteten Händen kommt sie an den Zaun ihres großen bunten Gartens und öffnet das Tor. In Großschönau hat sich Frau Bach Anfang der Neunziger verliebt – groß, grau und ziemlich altersschwach war das Objekt ihrer Begierde. Sie hat sich verguckt in eines jener Häuser, von denen es heute nur noch 6 000 gibt, die weniger werden von Jahr zu Jahr: Umgebindehäuser. In Jonsdorf, Waltersdorf, Spitz- oder Obercunnersdorf, in Oybin, vor allem aber auch in Großschönau stehen sie. Letzteres ist jenes Textildorf, in dem auch Frottana und Damino Bettwäsche, Tischwäsche und Handtücher der Linien Country und Tierkreiszeichen weben. Hier stehen besonders viele dieser schönen Bauten.

Die Umgebindehäuser sind Häuser, die eine slawische Blockbauweise und fränkisches Fachwerk, das im Mittelalter Siedler aus Franken mitbrachten, verbinden. Sie haben meist Lehmfachwerk, Schieferverkleidungen und Türstö-

JUGEND-& BEGEGNUNGSZENTRUM

Eins

merino
café · restaurant · bar

7 ERLEBNISBEREICHE
COCKTAILBAR / RESTAURANTE
BISTRO, TANZBAR, BILLIARDBAR
BIERGARTEN

RÜGENS GRÖSS... ...THEK
MIA...
BINZ/PRORA TEL. 03 83 93 / 3 26 45
...LOSS VON RÜGEN

IM SOMMER
TÄGLICH GEÖFFNET

DISCO´S
1. OLDIE & SCHLAGER
2. TECHNO & HOUSE
CHARTDISCO

FISCHER KLAUSE
Speisen
ab **3,95**

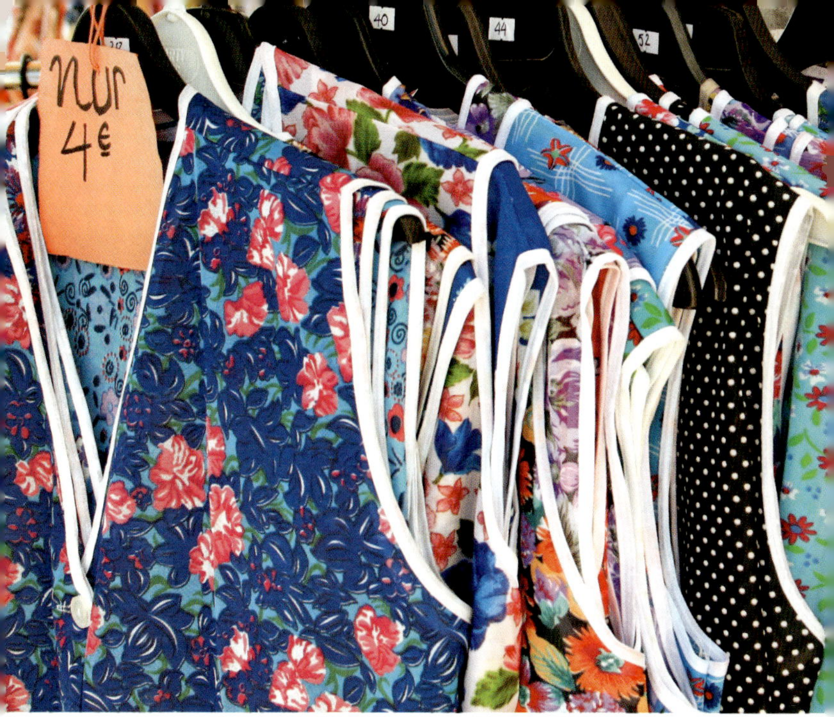
Nur
4€
40
44
52

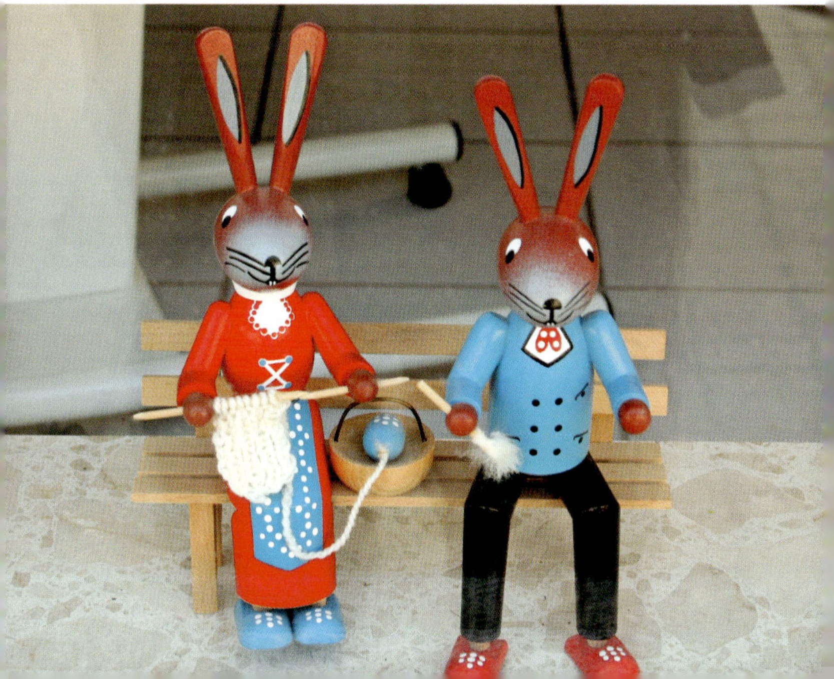

Sandy's

Öffnungszeiten:

Mo
8.00 - 13.00 Uhr

Di - Fr
8.00 - 18.00 Uhr

Sa
9.00 - 12.00 Uhr

cke aus Sandstein oder Granit. Das Umgebinde an sich ist das Tragegerüst, das um die Blockstube, in der früher Webstühle standen, herumläuft, die Stube »umbindet«. So ein Haus also hat sich Frau Bach Anfang der Neunziger, kurz vor Weihnachten war's, gewünscht: Der Schnee lag hoch, in den kleinen Fenstern standen Schwippbögen und Kerzen, und alles sah ein bisschen aus wie bei einer Spielzeugeisenbahn. Sie hat ihren Liebsten, einen Hamburger, dazu gebracht, der Hansestadt Adieu zu sagen und in den tiefsten Südosten zu ziehen, in einen Landstrich, der, wie sie sagt, »94 noch immer sehr ahnungslos war« und unterm Schnee alles noch grau. Vom Westen war damals nicht viel hier angekommen. Nur wenig funktionierte so, wie es die Bachs kannten. Zum Glück auch die Banken – sie gaben Geld für solch ein Haus, ganz ohne Sicherheiten. Einfach nur, weil das Paar aus dem Westen kam.

Sabine Bach hat also Lehmwände gespachtelt, hat alte Lackfarben abgefönt, marode Balken ersetzt, hochschwanger die frisch erworbene Ruine renoviert, während ihr Mann für die Treuhand versuchte, Risaer Zündhölzer auf Vordermann zu bringen. Er scheiterte an den alten Strukturen. Auch andere Projekte klappten nicht. Irgendwann mussten die Goldschmiedin und der Betriebswirt putzen gehen.

Heute lassen sie putzen. Sie besitzen ein Reinigungsunternehmen mit 400 Angestellten, sorgen von Großschönau aus in ganz Mitteldeutschland für saubere Tiefkühltruhen in Supermärkten, für blitzblanke Toiletten in Behören, die Mitarbeiter reinigen Flure und Treppenhäuser, Büros und Baumärkte.

Einfach sei das Leben im tiefsten Osten nicht gewesen, und oft sei es das bis heute nicht: die beiden Söhne in der Schule mal Außenseiter, mal Sündenböcke, »die aus dem Westen eben«. Und im Dorf habe es, sobald Sabine Bach einen Sack Erde in den Garten schleppte, geheißen, »die Wessis haben zu viel Geld!«. Man lästerte, weil sie ohne

Stoffbeutel zum Brötchenholen gingen. Als aus der alten Heimat der Möbelwagen kam und statt schicker Schleiflack-möbel antike Schränke und Kommoden abgeladen wurden, hätten die Leute im Ort gelacht, weil die Westdeutschen noch »Feuerholz« mit dem Umzugswagen ankarrten und mit solch altem Kram wohnen wollten.

Alte Sandsteinplatten statt Waschbeton im Garten? Aus-getretene Stufen statt der neuen, exakt gemauerten? Die originalen Holzfenster statt der besser isolierenden aus Kunststoff oder schiefe Balken, die sichtbar sind, statt mit schnurgeraden Rigipsdecken verkleidet? Wieso? Für all so was hagelt es Unverständnis. »Das glaubense alles nicht«, sagt Sabine Bach in ihrer todschicken West-Küche mit den dicken Wänden, einst war hier der Kuhstall, und sie ist hin- und hergerissen, wie viel sie mir nun erzählen soll und darf, weil sie fürchtet, dass das überheblich klin-gen könnte – und dass auch dies wieder für neuen Ärger sorgt.

Wo man in Antiquitäten Feuerholz sieht, bevorzugt man Schrankwände ganz wie die aus DDR-Zeiten. Aufgereiht stehen ein paar Schnapsflaschen drin. Auch von außen kann man sehen, wie solche Möbel die Fenster alter Häuser ver-stellen. Wenn die Stellfläche für eine Schrankwand nicht reicht, wird auf Ausblick und Licht bereitwillig verzichtet. Dann wird die Wohnwand, etwa Modell Del Sol von Roller in aktueller Tower-Optik, Dekor Bergbuche, vors kleine Umge-binde-Fensterchen geschoben, und damit gut.

Überhaupt: die Fenster. Der Tischler, den die Bachs an-geheuert hatten, die Fenster des alten Hauses zu reparie-ren, haute die uralten Glasscheiben einfach mit dem Ham-mer heraus: Glas von jener guten alten Sorte, das mit den schönen Schlieren, mit den Einschlüssen kleiner Luftblasen, das Glas mit der Seele. Der Tischler hatte seine Gründe: Modernes Glas ist dicker, isoliert im Mittelgebirgswinter besser, erspart vielleicht gar das Einhängen der Winterfenster. Frau Bach jedoch tobte, weinte, verstand die Welt nicht mehr, sie sagt: »Ich habe geheult vor Wut, glauben Sie mir«, und sie streicht mit den Fingern über eine Scheibe und sieht aus, als fange sie gleich wieder damit an, mit dem Heulen, als sei sie über den Verlust noch immer nicht hinweg. Industrieglas! Im Baudenkmal! Und dann hat der Handwerker, weil seine neuen Fenster nicht recht passten, auch noch ins Fachwerk gesägt, es für die Fenster passend gemacht, »das fand er ganz normal«, sagt Frau Bach und schüttelt den Kopf. »So was wird hier im Osten einfach oft noch überhaupt nicht verstanden.«

Mittlerweile stehen die Umgebindehäuser unter Denkmalschutz. Doch einen wirklichen Schutz stellt das nicht dar. Für viele Bauten finden sich keine Käufer. Etwa zehn Prozent sind vom Verfall bedroht. Die Gemeinden haben für den denkmalgerechten Unterhalt kein Geld und oft auch kein rechtes Interesse daran. Und dann wird eben doch abgerissen, darf abgerissen werden, und das Grundstück wird verkauft an eine Supermarktkette, an ein Autohaus, einen Baumarkt. So seien sehr viele Häuser in den vergangenen Jahren verschwunden, sagt die Zugezogene, »und unsere Kulturlandschaft hier wandelt sich, fast wie im Zeitraffer«. Auch im Nachbardorf stehe seit Kurzem statt eines solchen wunderschönen alten Bauwerks »wieder so ein Billig-Markt«, der x-te Laden vor Ort, diesmal in direkter Nachbarschaft der Kirche. »Für die Gemeinden«, sagt Sabine Bach, »sind die alten Häuser erst mal natürlich vor allem ein Kostenfaktor«. Dass aber die Touristen heute nicht nur wegen des Mini-Gebirges kommen und schon gar nicht wegen der Supermärkte, das kapiere keiner. Fremde bleiben vor dem Haus der Bachs stehen und fotografieren es. Urlauber, westdeutsche Rentner, Livestyle-Magazine des Schöneren Wohnens begeistern sich längst für die Kleinode in Deutschlands allerletztem Zipfel. Allein in Sachsen, so scheint es, will man lieber ahnungslos bleiben, wie einst.

Das Land schläft. Es hat den Wert dieser Architektur nicht erkannt. »Es gibt immer weniger Fördermittel und demnächst sehr wahrscheinlich gar keine mehr. Für die Umgebindehäuser sieht es also finster aus«, sagt Sabine Bach. Der Abriss allerdings, der wird gefördert. »Für den«, sagt sie, »gibt es dann Geld aus Dresden«.

DIE SCHRANKWAND

Wie haben sich die Menschen eingerichtet in der neuen Republik? Jeder ein bisschen anders, na klar, doch viele mit einer Schrankwand. Stauraum- und klappbettorientiert seien die Ostdeutschen, sagt man in der Möbelbranche. Sonst noch was?

In den Neunzigerjahren waren schwarz furnierte Kästen mit Spiegeleinsätzen in Mode, oft mit spitz zulaufenden, dreieckigen Türen. Heute genießt die Schrankwand vor allem in Eiche- oder Kirsch-Optik bei Ostdeutschen ein Spitzenimage. »Diese Möbelart ist in der Ex-DDR eindeutig sehr viel beliebter als in Westdeutschland«, heißt es etwa bei Hülsta, einem der bekanntesten Hersteller im deutschlandweiten Möbel-Premiummarkt. Was das bedeutet? Dr. Bernd Göbel, der Hülsta-Chef, zögert etwas. In Westdeutschland sei diese Möbelart vor fünfzehn, zwanzig Jahren an sich komplett aus der Mode gekommen, sagt er, heute nur noch etwas für ältere, eher kleinbürgerlich orientierte Menschen. »Oder für Kunden, die kleinere Wohnungen haben«, sagt er. »Und Plattenbautenwohnungen in den neuen Ländern sind im Schnitt eben kleiner als West-Wohnungen.« Denn eines ist klar: Was die Schrankwand kann, können nicht viele Möbel – sie schluckt auf kleinstem Raum den Fernseher, die Stereoanlage, die Spielesammlung. Sie macht Hausrat unsichtbar, präsentiert Bücher, Urkunden, das gute Porzellan. »Die Ostdeutschen sind sehr stauraumorientiert«, so Göbel. Stauraumorientiert. Und klappbettorientiert sind sie auch: Der Hang zu Betten, die tagsüber verschwinden, sei bei Ostdeutschen »noch immer sehr ausgeprägt«, weiß der Möbelchef, westlich der Elbe spiele das Thema eigentlich keine Rolle mehr.

Die Schrankwand hat Geschichte. Zu DDR-Zeiten hieß der Traum vom Schöneren Wohnen MDW. MDW stand für Möbelprogramm Deutsche Werkstätten und meinte eine Schrankwand, die damals auch ein kleines Wunder war. Denn bis Honecker war die Geschmacksdiktatur in der DDR bisweilen massiv, das Funktionale galt als zu kalt, das war nicht gewollt. MDW war trotzdem funktional und galt vielen auch deshalb als sehr modern: eine Schrankwand, die ein Kollektiv um den Formgestalter Rudolf Horn entworfen hatte. Das Werkbundunternehmen in Hellerau, die heute berühmten Deutschen Werkstätten, hat sie gebaut. Ein bisschen was Besseres also. Ein wenig wirkte dieses funktionale Wohnprogramm, als sei's von Interlübke im Westen, als hätten skandinavische Designer es gezeichnet oder jemand wie etwa Rolf Heide daran mitgewirkt, ein Gestalter, der in den Sechzigern in der Bundesrepublik bekannt wurde. Die einzelnen Module passten perfekt in die neuen Typenbauten der DDR-Großsiedlungen. Und, vor allem: Sie ließen sich unterschiedlich kombinieren, ganz individuell. Das war neu. Nun seien die Voraussetzungen gegeben, dem wohnenden Individuum zur Selbstbefreiung zu verhelfen, jubelte die DDR-Fachpresse 1968, als das Möbel auf den Markt kam.

»MDW hat praktisch Billy von Ikea vorweggenommen«, sagt Andreas Ludwig, Direktor des Dokumentationszentrums Alltagskultur der DDR in Eisenhüttenstadt. »Da können Sie alles draus bauen. Das war eine praktische Ergänzung zu unterschiedlichsten Wohnstilen in der Honecker-Zeit.« MDW war moderner, heller, leichter als das, was man bis dato in der DDR bekommen konnte, und auch von besserer Qualität. Jedenfalls meistens, denn »leider ließ die Verarbeitung nach«, sagt Herr Ludwig. Die schlichten, hell lackierten Oberflächen verschwanden zugunsten von Holzimitaten, Furnieren und Dekorfolien: Irgendwann in den Achtzigern wurde das Möbelprogramm zugrunde gerichtet, der konsequente Entwurf verkam. Günter Höhne, Kulturjournalist und Sammler von DDR-Design in Berlin, lebt bis heute mit einem Großmöbel der guten Sorte. Und er sagt: »Ich wüsste gar nicht, wieso und wodurch ich es ersetzen sollte.«

Wie Ostdeutsche seit der Wende wohnen, hat natürlich viel auch mit den jeweiligen finanziellen Möglichkeiten zu tun. Aber auch mit Selbstbewusstsein. Bei den Bildern, die man zur Elbeflut 2002 sah, wurde deutlich: Was da aus den Häusern herausgeschwommen kam, waren größtenteils neue Möbel, zumeist Billigprodukte der Nachwendezeit. Wer nach der Wende seine Wohnung mit Gelsenkirchner Barock vollstellen wollte, konnte dies nach 1989 nach Herzenslust tun, die Neunziger waren die Jahre der Ersatzbeschaffungen. Ost-Möbel nicht wegzuwerfen brauchte hingegen etwas Standfestigkeit – Leute, die heute um die siebzig, achtzig sind, die in der DDR ein bisschen Karriere gemacht hatten als Lehrer oder Ingenieure, Leute, die stolz auf ihr Leben sind, haben das große Austauschen oft nicht mitgemacht. Der Rest des Ostens wohnt zumeist in neuen Schrankwänden. Denn ein Sehnsuchtsobjekt ist die zugemöbelte Wohnzimmerwand im Osten geblieben, die Wand perfekt auszunutzen offenbar ein häufiges Ziel.

»In Westdeutschland sind die Wohnungen größer. Und die Sessel tiefer, die Betten breiter und länger, die Couchtische größer, die Esstische viel größer.« Letzteres allerdings ist ganz offensichtlich nicht nur eine Frage des Platzes. In Westdeutschland kochen und essen die Menschen, seit dies im Nachmittagsfernsehen auf allen Kanälen vorgemacht wird, gern mit Freunden und zeigen, dass sie die koreanische, die vietnamesische und die japanische Küche aus dem Effeff beherrschen und gleichzeitig einen österreichischen Topfen zum Dessert hinkriegen. Unterm Strich wird zwar gar nicht so oft in einer Truppe von Freunden gekocht. Doch täten es viele Westdeutsche wohl gern häufiger oder bilden sich auch ein, dass sie dies ständig tun, und kaufen die entsprechenden Möbel. In Ostdeutschland trifft man Freude eher außer Haus – vielleicht, weil eben die Wohnungen etwas kleiner sind. (Und Küchen sind meist sogar sehr viel kleiner und fast nie offen. »Wohnungen mit offenen Küchen bekommt man nicht vermietet«, berichtet ein Hausbesitzer aus Dresden.)

Vielleicht aber ist dies alles nur eine Zeitverschiebung: Das gemeinsame Kochen mit Freunden ist schließlich auch im Westen kein Hobby, das schon auf eine lange Tradition zurückblicken könnte. Vor noch nicht allzu langer Zeit traf man sich auch zwischen Konstanz und Kiel erst nach dem Abendessen auf einen Wein, auf ein Bier, ein paar Salzstangen – und zwar am Couchtisch, der Schrankwand gegenüber.

18

Dresden und Glashütte:
»Dumm baut gut« und Zeitmesser mit Weltniveau

Auf der Toilette einer Tankstelle hatte jemand viel Zeit. »Langes Sehnen, großes Hoffen, kann nicht kommen, bin besoffen«, hat er an die Wand gekritzelt. Und darunter steht, in anderer Schrift: »Erich hat noch immer den Längsten.« Ich reise zurück in die Zeit, da ich Anfang zwanzig war und fast durchweg glücklich. Ich fahre nach Dresden. Die Obama-Hubschrauber sind schon da, wie Hornissen schwirren sie über der Elbe. Zwei Tage vor dem hohen Besuch landen US-Militärflugzeuge im Stadtteil Klotzsche, bringen auch noch die Fahrzeuge der Präsidenten-Flotte. Vorsichtig wird die gepanzerte Limousine des mächtigsten Mannes der Welt entladen; einer schaut, ob der Cadillac aufsitzt oder nicht. Später dann sehe ich Obamas rollendes Regierungszimmer vor dem ersten Haus am Platze, dem Taschenbergpalais, nur einen Steinwurf entfernt von der Frauenkirche, dem berühmten Italienischen Dörfchen am Elbufer, dem Zwinger, der Semperoper und all dem anderen hübschen alten Gerümpel: dem, was die Royal Air Force und die United States Army Air Forces, also auch Landsleute Obamas, mit ihren Flächenbombardements im Februar 1945 hier übrig gelassen haben. Und was dann noch die DDR überstanden hat. Oder was zur Freude von Dresdnern und Touristen danach mit viel Geld wieder aufgebaut wurde – und wo es heute aussieht wie eben auch an anderen Orten, an denen Touristen sich drängeln: Restaurants, die so tun, als seien sie bayerische Biergärten, Leierkastenmänner, Ständer mit Baseballcaps und Sonnenbrillen. Zwei junge Japanerinnen knipsen die Präsidenten-Limousine, Menschen bleiben stehen, recken die Hälse. Ein Mädchen trägt ein rotes Hemdchen mit Spaghettiträgern: »Terrorists fick'em« steht darauf. Das »i« ist ein Zeigefinger. Und am Bahnhof, wo mein Auto parkt, steht ein lächerliches Gebäude, das sich »World Trade Center« nennt. Was dort gehandelt wird, oder einfach auch nur gearbeitet, weiß die, die aus der Tür kommt, nicht oder will es mir nicht sagen.

Auch die meinungsführende Regionalzeitung macht heute komplett auf Amerika und zitiert Michael Nicholson aus North Carolina, der in Sachsen neben dem Service die »Yes-we-can-Stimmung« vermisse. Das kann ich verstehen. »Yes we can« existiert nicht in Ostdeutschland. Dafür besuchten, heißt es, rund 2000 Sachsen Tag für Tag jedes der hiesigen Mc-Donald's-Restaurants. Pro Restaurant gingen täglich 1000 Cheeseburger und 300 Big Mac über den Tisch.

Nach der Wende habe ich in Dresden gelebt, es war eine schöne Zeit: illegale Kneipen in Hinterhofwohnungen der Neustadt, nächtelange Diskussionen über *Das Kapital* und den Kapitalismus in den Elbauen, Streit über den Umgang mit Stasi-Spitzeln, die Arbeit der Treuhand. Heute ist die Landeshauptstadt (die dies nur ist, weil auch Leipzig nicht wirklich besser ist) ein immer bräsiger werdendes Verwaltungszentrum. Statt origineller Bars gibt es irgendwelche Events, statt Partys Erlebniskneipen für Immobilienmakler und ihre Freundinnen, deren Schönheitsideal sich noch heute an den Barbie-Puppen von West-Cousinen orientiert, wenn auch mit mehrfarbigen Haaren. Und wenn ich heute manchmal abends im Zaza sitze, den Gesprächen der Nachbartische lausche und aus dem Biergarten hinunter auf die Elbe blicke, bin ich froh, nicht mehr hier zu sein, trotz der noch nahezu unbegreiflichen Schönheit dieser Stadt, die mich rührt, wie mich nur wenige Orte zu rühren vermögen, obgleich ich gar nicht mehr gerührt werden will.

Der Umgang der Stadt mit sich selbst ist eine einzige große Niederlage. Ungeachtet seiner Qualität wird in Dresden geduldet, was alt ist oder ganz neu: Baukunst der Zwischenzeiten fällt der Abrissmentalität zum Opfer. Selbst in dem berühmten Kulturpalast von Walter Hänsch, einem Gebäude der DDR-Nachkriegsmoderne und keinen Steinwurf von der Frauenkirche entfernt, sehen viele vor allem etwas, was die Erlebnis-Shopping-Passagen mit ihren Shopping-Events und den langen Schlangen der Kunden stört. Nicht wenige hätten das Baudenkmal in der Innenstadt am liebsten dem Erdboden gleichgemacht – erbittert wurde darum gestritten, nun scheint es vorerst gerettet. Jüngster Clou der Landeshauptstädter, die so gern Großstädter wären, ist jedoch die berühmt gewordene Waldschlösschenbrücke. Sie wird die mit Wäldchen und Schlösschen bekleckerten Hänge über dem Fluss verschandeln. Auch den Blick aus dem Zaza-Biergarten, fürchte ich, und den von jenem Viertel, das mit Uwe Tellkamps Buch *Der Turm* zu einiger Berühmtheit kam, dem Weißen Hirsch. »Dumm baut gut«, titelte *Die Zeit*. Die Welt schüttelt den Kopf über die Provinzialität der Sachsen, doch den Dresdnern ist dies – offiziell zu genau 68 Prozent – schlicht wurscht.

Ich verlasse Dresden. Schließlich wollte ich gar nicht hierher, konnte die Stadt dann doch nur nicht ganz links liegen lassen. Ich fahre bergauf: Rund dreißig Kilometer hinter Dresden, in einer sonnenarmen Talsenke des Osterzgebirges und fast schon an der tschechischen Grenze, ist noch mehr Provinz – aber gleichzeitig auch etwas mehr Welt. Dort liegt am T einer Durchgangsstraße ein kleines, verschlafenes Nest, Glashütte.

Ein älterer Mann mit Hut fährt mit seinem Klapprad den Hang hinab, Toilettenpapier im Korb am Lenker. Drei Schulkinder trödeln vom Bahnhof her. Die Wiesen von Erbenhang und Ochsenkopf, die diesen Ort einfassen, stehen hoch und satt, in den Vorgärten blüht, was im Flachland längst verblüht ist. Doch die Reisebusse von Dresden quälen sich nicht wegen eines Waldidylls hier hoch und auch nicht wegen eines hübschen Ortes oder später Blumen. Fehlanzeige: Idyllisch ist es hier oben nicht wirklich. Der Grund dafür, dass Parkplätze seit Kurzem bewirtschaftet werden und am herausgeputzten Bahnhof Menschen aus Zügen klettern, ist ein Museum für Uhren – riesengroß, pastellgelb, von Schweizern finanziert: Taschen- und Armbanduhren, Sekundenpendeluhren, Marinechronometer, Uhrmacherwerkzeuge. Auch die traditionsreiche Glashütter Uhrenindustrie selbst zieht Touristen an, Schau- und Kaufwillige: drei Manufakturen, die drei einzigen Manufakturen für mechanische Uhren in Deutschland. Hier werden Zeitmesser gebaut, von denen Experten sagen, es seien mit die besten der Welt. Glashütte ist sozusagen das Mekka der Superduperuhren, seit mehr als 150 Jahren schon, sieht man ab von ein paar schwächeren Jahrzehnten während Krieg und DDR. »So was wie Parma beim Schinken, wie Champagner beim Perlwein« sei die Herkunftsbezeichnung heute in der Welt, sagt Roland Schwertner, Chef von Nomos Glashütte, ein Düsseldorfer. Glashütte ist ein Qualitätsversprechen, Uhren-Luxus, ist einer der Leuchttürme des Ostens – vielleicht auch der Leuchtturm schlechthin. Es ging mit den Uhren nach der Wende stets bergauf und an sich nie bergab. Teils bauen die Manufakturen vor Ort feinmechanische Wunderwerke, die so kostspielig sind wie ein Eigenheim oder auch mal zwei. Und unter 1 000 Euro gibt es eigentlich nichts »Made in Glashütte«. So kommt's, dass man zur Mittagszeit im Städtchen nicht nur Windjackenrentner und Frauen in Kittelschürzen trifft, sondern auch Krawattenträgern und Managerinnen im Kostüm begegnet. Der Nomos-Firmensitz, der alte Bahnhof, ist umgebaut, viel Handarbeit, viel Hightech, Glas und Licht und an den Wänden Kunst. Schwertner fühlt sich wohl in seiner Firma. »Allerdings nur tagsüber, im Betrieb«, schiebt er hinterher. »Bei der Arbeit ist's mittlerweile wie im Westen.« Wenn die Uhrmacher dann jedoch um halb vier Feierabend machten, sei der Tag vorbei. Ist Winter, ist es hier im Tal dann schon dunkel, »wie mitten in der Nacht. Und samstags schließen die Geschäfte in Glashütte früh um elf – da bin ich noch nicht einmal wach!« Schwertner schüttelt sich. Schon lang, gibt er zu, hat er kein Wochenende mehr hier verbracht, er sei auch nach Jahren »hier noch immer sehr fremd«: zu eng, zu verzagt, zu gemütlich sei's. Er vermisst, dass mal einer zu widersprechen wagt, etwas infrage zu stellen.

Von Interesse seien für viele hier eher die Autos: Junge und nicht mehr ganz so junge Männer blieben bei den Eltern wohnen, um sich eine schnelle Karre leisten zu können. Fahrrad fahren und dafür eine eigene Wohnung haben? Nicht eben eine Idee, die im Erzgebirge gefällt.

Gerade als ich darüber nachdenke, ob so was typisch Ost ist oder einfach typisch deutsch, ruft Frau Walter vom Tourismusbüro Oberwiesenthal an, »der höchstgelegenen Stadt der DDR«, wie sie sagt, und womit sie wohl meint: Ostdeutschlands. Ich hatte eigentlich unbedingt hinwollen, aus mehreren Gründen. Zum einen macht dort offenbar Jens Halbauer, stellvertretender Küchenchef eines großen Hotels, mit »filigranen Obst- und Gemüseschnitzereien« und einem »funkensprühenden Eisbüffet« ganze Reisebusse voller Sachsen-Touristen verrückt. Zum anderen gaben mir die Unterlagen des Fremdenverkehrsamtes per Post »einen heißen Ausflugtipp«: das Neudorfer Suppenmuseum. Doch als ich Frau Walter am Telefon habe, befiehlt die sehr knapp, sehr barsch: »Ich hätte ein Einzelzimmer von Freitag bis Sonntag zu zwanzig Euro oder ein Doppelzimmer von Samstag zu Montag zu fünfzig Euro. Müsstense sich jetzt bitte mal entscheiden, wasse nehmen wollen.« Ich entscheide, meinen Besuch abzusagen. Tauche ich lieber noch mal ein in dieses Glashütte.

Es gibt eine Gaststätte, die fast ein bisschen überrascht in der Gegend, die einzige vor Ort, sieht man ab von drei Imbisseinrichtungen sowie zwei Spelunken, die von Gästen allesamt ein ziemlich stabiles Gemüt erfordern. Der Raum ist schlicht, im Radio läuft Jazz. Doch auch hier, an diesem

Ort im relativen reichen Glashütte, ist längst noch nicht einig Vaterland. Am Tresen wird mir hinter vorgehaltener Hand vom Konflikt erzählt, den es zwischen Ost und West vor Ort noch gibt. Die Vorbehalte sind von der Sorte: Die Ostdeutschen finden es lächerlich, wenn die Westdeutschen morgens joggen gehen, das Prießnitztal hinauf, in Richtung Schwimmbad. Und die wiederum haben nicht nur Verständnisschwierigkeiten sprachlicher Natur, sondern finden es auch ziemlich komisch, wenn Uhrmacher bei der Arbeit teils noch immer Hausschuhe tragen, dass sie mittags am liebsten immer nur Schnitzel essen wollen oder aus dem Urlaub Postkarten schicken wie jene Kollegin, die neulich aus den Ferien schrieb: »Herzliche Grüße dem ganzen Kollektiv!«

Mittags sitzen an der Bar zwei Stammgäste. Ein junger Mann mit Schirmmütze, die auf dem Kopf thront, als sei sie viel zu klein, bestellt einen Schnaps. Sein Kapuzen-Sweatshirt ist bedruckt mit Comic-Streifen. Umständlich und ausführlich erzählt er, dass man mit dem Smart gut und gern 180 fahren könne. Am Nebentisch essen vier Gabelspaghetti, das sind Nudeln, bereits mundgerecht in kurze Stücke geteilt. Noch bevor alle fertig sind, kommt die Bedienung, räumt die Gabelspaghettiteller ab. Nicht einer der Gäste protestiert. Ich kämpfe mich durch einen Berg Käseraspel auf dem Salat. Als ich die Bedienung bitte, mir Öl zu bringen, schaut sie auf meinen Teller und lehnt dann entschieden ab: »Is genug drauf«, sagt sie, wendet und marschiert ohne ein weiteres Wort zurück zur Küche.

Viel mehr ist nicht zu tun an einem solchen Ort. Im Café Time, das die Glashütter auch genau so nennen: Time mit i, deutsch und nicht englisch ausgesprochen, trinke ich einen Espresso, bin der einzige Gast, und spaziere dann auf den Ochsenkopf, vorbei an der Sternwarte des Ortes. Der beste Uhrmacher und Regleur Glashüttes, Hugo Müller, hat sie 1910 hier auf 435 Metern Höhe gebaut. Heute arbeitet im Observatorium Urania Wempe, ein Juwelier aus Hamburg.

Man prüft dort feine Chronometer. Ob die Menschen, die hier Uhren bauen, in diesem Ort nicht auch ein irgendwie eigenartiges Leben führen? Werkeln auf Weltniveau, fertigen Luxus für Tokio, London und Manhattan, leben jedoch hier an diesem Ort? Hätten sie hier keine Uhren, sie würden nicht merken, dass die Zeit vergeht. Eine Stadt, in der nichts los ist. Nichts außer ab und an mal eine »Oldie-Nacht mit Sekt gratis im Dancehouse«, wie's auf Handzetteln heißt. Nichts außer dass einer mal fremdgeht und andere es mitbekommen. Nichts außer dass einer sich ein neues Auto kauft und darum beneidet wird.

Später, in meinem Zimmer (Kiefernholzbett, Kiefernholzschrank und Kiefernholztisch mit Kiefernholzstühlen), zappe ich mich, an einer süßen Plörre nippend, quer durchs Programmangebot, finde, dass Tschechisch sehr nett klingt, und verschlafe dann die Hälfte des nächsten Tages. »Schlafen kann ich, wenn ich in Glashütte bin«, hatte irgendwer mal über den Ort gesagt. Ja.

19

Wahlberichterstattung im Dritten Programm:
Weggucken und weitermachen

Ich muss für ein paar Tage nach Berlin, unter anderem, weil Tischler unter Dachschrägen ein Regal anbringen sollen. Eine schwere Geburt: Die Handwerker aus Brandenburg versetzen mich zwei Mal. Einmal lassen sie sich gar nichts von sich hören, das zweite Mal bekomme ich mittags einen Anruf, man habe morgens doch nicht kommen können. Als das Möbel schließlich steht, bleibt mir fast die Luft weg: Statt matt lackierter Flächen sehe ich eine Bücherwand aus Brettern, an deren Kanten billige Umleimer pappen, und anstelle von Borden, die unter der Schräge treppenförmig ansteigen, stehen nun vier einzelne Regalsäulen nebeneinander – nichts, was dem Besprochenen irgendwie ähnelte. Die verwendeten Bretter sind von einer Qualität, die schwedische Möbelhäuser mitunter für das Innere von Schränken verwenden. Dass die Handwerker schwarze Fingerabdrücke auf der weißen Zimmerwand hinterlassen, dass Kanten nicht sauber aufeinanderstoßen und unschöne schwarze Lücken blecken: geschenkt. Doch als ich sie später am Telefon sachte darauf hinweise und die Tischler mir sagen, dass sie das alles schon selbst gesehen hätten (aber ganz offensichtlich warten wollten, ob ich es nicht hinnehmen würde), fällt es mir schwer, nicht sauer zu sein. Wirkt da die DDR noch nach, wo Handwerker Könige waren, die sich ihre Kunden aussuchen konnten? Bestimmt hätte mir das auch in Oberhausen passieren können, in Bremen oder in Sindelfingen. Hätte. Ist es aber nicht.

Während ich lustlos meine Bücher einräume, sehe ich fern, das Programm des Mitteldeutschen Rundfunks. »Hochnäsige Leute aus dem Westen« hätten das Image des »Schunkel-TV« geprägt, hatte der Intendant des Senders, Udo Reiter, erst kürzlich öffentlich erklärt, und das treffe nicht zu. Also schaue ich mal genau hin. Heute war Wahl in Sachsen, und 3,5 Millionen Menschen waren aufgerufen, über die Zusammensetzung von Stadt-, Gemeinde- und Ortschaftsräten abzustimmen. Nicht einmal jeder zweite Bürger des Freistaats ging hin – diese siebenundvierzig Prozent jedoch erteilten der NPD neunundsechzig Mandate, vierzig mehr als noch vor fünf Jahren. Am schlimmsten ist es mit den Rechten in Reinhardtsdorf-Schöna: Dort wählte ein Viertel der Einwohner braun. Zu beunruhigen scheint das im Freistaat wenige. Und anstatt das Wahlverhalten und Demokratieverständnis im Sendegebiet zum Thema zu machen, berichtet auch der öffentlich-rechtlich finanzierte Mitteldeutsche Rundfunk – das meistgesehene Dritte Programm der ARD – zur besten Sendezeit am Sonntagabend mal wieder über die DDR: über die DDR-Schreibmaschine Erika, über Ost-Schrankwände für die Puppenstube, über Ost-Perlwein, über das Hotel Neptun, einst »das schönste und höchste Hotel an der Ostsee«, wie Moderator Hartmut Schulze-Gerlach schwärmt. Und dann fährt die rothaarige Schlagerrentnerin Sonja Schmidt – bekannt durch viele Tourneen (»Sonjas Musike«) – im Trabbi durch die Primetime-Sendung und trällert ihren erfolgreichsten Titel: »Ein himmelblauer Trabant rollte durchs Land, mitten im Regen, der große Himmel war grau, trübe und grau, ich aber fuhr im himmelblauen Trabant quer übers Land, mitten im Regen.«

20

Weimar:
Die Stadt der toten Dichter

Ich packe meine Tasche und mache mich auf Richtung Thüringen. Eine Anhalterin, die ich schon kurz hinter Potsdam
auflese, hat Eheprobleme, Schwierigkeiten im Büro. Ihre
Kinder haben Schulprobleme, und das Geld ist sowieso
knapp, »Schulden über Schulden«. Weshalb sie, um ihre
alte Mutter bei Michendorf am südlichen Berliner Ring zu
besuchen, alle zwei Wochen an der Raststätte den Daumen
in die Luft streckt. So spart sie das Benzin. »Man möchte
einfach gehen, abhauen, weißte«, sagt die rotblonde Frau.
Sie sei jetzt einundvierzig, der BH setzt sich durch die weiße Bluse ab und schneidet stramm ins Fleisch. Ihre weiße
Tasche hält sie auf den Knien fest, sie wirkt ein wenig an-
gespannt. Um so ein Leben ist niemand zu beneiden. Dann
aber will meine Beifahrerin natürlich doch an einem Parkplatz dreißig Kilometer weiter raus, mitten in der Provinz,
und entlang an aufrecht stehenden Sonnenblumen, deren
Knospen noch geschlossen sind, geht sie über die Felder
nach Hause, nach Hause zu ihren Problemen.

Weimar ist anders als die meisten Städte in Ostdeutschland, als das meiste in ganz Deutschland: Weimar ist die
Stadt der toten Dichter, die Stadt Nietzsches, Cranachs,
Liszts und Bachs. Auch über Weimar haben Bombenge-
schwader ihre Ladung abgeworfen, aber das meiste wurde
gleich nach dem Krieg wieder aufgebaut. Weimar ist wunderbar. Hier herrscht nicht das sonst allgegenwärtige
Zweckdenken von Architekten, Stadtplanern, Bauherren.
Hier wurde offensichtlich mal mehr gewollt. Die kulturelle

Hauptstadt Thüringens, gleich drei der siebenundzwanzig UNESCO-geschützten deutschen Denkmäler stehen hier; Weimar ist ein Gesamtkunstwerk, kostbar und kostspielig. Martin Walser nannte die Stadt »ein grandioses Schönheitspflaster auf einem fürchterlichen Mal«. Denn es ist auch die Stadt Buchenwalds, des einstigen KZs. Und die des Bauhauses, auch wenn die Bauhäusler bald schon von den hier besonders eifrigen Nazis vertrieben wurden: Neunzig Jahre nach der Gründung der Gestaltungsschule gibt es hier die Bauhaus-Universität, Bauhaus-Laternenumzüge durch die Stadt, in Sommerkursen kann man malen auf den Spuren Feiningers, Kinder können Häuser bauen im Stil der Bauhäusler. Dazu Konzerte, Führungen, Lesungen. Erst wollte man wohl nicht so recht, dann jedoch, heißt es, habe das Land doch Geld lockergemacht zum Jubiläum.

Als ich ankomme, ist von alledem erst einmal nichts zu sehen. Überall Feierabend. Was kann man sehen, erleben, wenn das Goethe-Haus am Frauenplan geschlossen hat, wenn kein Stadtführer erklärt, was es mit dem Ginkobaum vor Charlottes Fenster auf sich hat und wieso die Stadt Weimar damals die Bauhäusler vertrieb, sodass diese lieber in Dessau, einer Art Silicon Valley der Zwanzigerjahre, ihre Zelte aufschlugen?

Weimar ist sauber wie nach einer Kochwäsche, sauber und ziemlich menschenleer. Ein einsames Begrüßungskomitee – Vater, Mutter, Kind – steht an der Schopenhauer Straße herum. Ein Mann vertreibt sich die Zeit mit Auf-die-Straße-Starren. Zwei Mädchen, Kapuzenpullis ins Gesicht gezogen, bekritzeln mit Filzstift ein Mäuerchen. Und die Frau von der Touristinformation ist noch da. »In Weimar is ja abends nicht so viel los«, berichtet sie mir zögernd. »Sie könnten beispielsweise um 21 Uhr im Theater im Gewölbe ›Goethe und die Frauen‹ besuchen. Könnt' ich Ihnen auch Karten für verkaufen.« Goethe ist immer. »Oder es ist noch ›Max Raabe & Palast Orchester‹. Ach nee, das war ja schon gestern, das wieder zurück.«

Es goethet, herdert und wielandet, und selbst der Himmel schillert: Es dämmert in Tönen zwischen hellblau und ultra-, ultramarin. Goldverzierte Villen belagern den Platz, Blumenkübel sekundieren die Fußgängerzonen der herausgeputzten Altstadt. Weimar hat ein Problem, wie man es auch aus Meißen kennt, aus Dresden, aus Potsdam. Diese Städte sind herausgeputzt bis fast zum Gehtnichtmehr, die Häuser sind in Bonbontönen und Pastellfarben gestrichen. Die Dächer sind frisch gedeckt, die Fußböden frisch gefliest, die Kneipen mit Resopal-Tischen zugestellt, an jeder Ecke ein wenig Messingkram und Thermopenfenster halten Zugluft ab – nun ist alles ein bisschen zuckrig und klebrig, und es fehlt etwas ganz Elementares: Patina.

Stattdessen Barock, Denkmäler, Bratwürste, Touristen. Letztere rütteln an der Tür des Schillerhauses in der Schillerstraße 1. Schon dicht. Im Fenster einer Konditorei liegt ein Notenschlüssel aus Marzipan. Nur ein Tatoo-Laden hat geöffnet. Allerdings auch nicht wirklich. Tätowieren lassen könnte ich mich nicht mehr. »Weil der Tätowierer schon weg ist«, sagt die Angestellte. Was allerdings noch ginge, sagt sie, »ist Piercen«. Gepierct zu Goethe? »Das könnte man machen, ja.«

Ein Vater mit frisch gestutztem Oberlippenbart, vielleicht auch der Opa, schiebt Zwillinge vorbei. Auf dem Dach der Doppel-Karre krächzt ein gelber Mini-Ghettoblaster den alten Ost-Hit von Achim Mentzel, »Gott sei Dank ist sie schlank«. Rund 3,5 Millionen Touristen kommen jährlich in die Stadt mit dem albernen Ersatznamen Ilm-Athen. Italienerinnen in lila Hosenanzügen klappern übers Trottoir. Auch Amerikaner sind hier zuhauf. Doch an sich ist Weimar fest in Hand der Japaner. Dass das Goethehaus geschlossen hat, scheint sie nicht weiter zu stören. Auf dem Display der Camcorder sieht man Japaner mit Goethe-Brunnen, Japaner mit Goethe-Denkmal, Japaner mit Ginkobaum, Japaner mit Goethe-Gartenhaus. Goethe hatte ein Gartenhaus, Weimar aber hat zwei; die Stadt hat obendrein

noch eine Kopie für die Touristen gebaut, ein Zwillings-
haus. Das ist schön für die Japaner. Doch bald schon werden die Camcorder wieder verstaut, denn viel Zeit bleibt
nicht: Die Japaner waren in Weimar, haben sich ihr Bild gemacht von der Goethe-Stadt, ihr Reisebus wartet am Ende
der Fußgängerzone.

Ein Mann mit Toupet knutscht mit einer Frau im Gras,
die beiden haben eine Decke über sich gebreitet. Ein Stu-
dent sitzt daneben. Er trägt einen alten Trainingsanzug.
Braun mit gelb-roten Streifen an der Seite, das Outfit der
DDR-Armeesportler. Und irgendwo, drei Straßen weiter,
zwei Kinder, die längst ins Bett gehören. Sie machen auf ihren Bobbycars noch mehr Krach als anderswo, denn hier ist
Kopfsteinpflaster überall.

Ein paar Gassen liegen wie ausgestorben. Aus den Fenstern der Musikhochschule am Platz der Demokratie jedoch
schmettert noch ein Lied: »Es ist vorbei!« Es ist das Stück
des jüdischen Komponisten Gustav Levin, der mal in Weimar Musikdirektor war. Als in den Zwanzigerjahren der Na-
tionalsozialismus die Stadt überrannte, wurde Levin an der
Hochschule – heute wurde man sagen: gemobbt. Levin hatte in der Stadt eine ehemalige Schülerin getroffen, die er
mochte. Als er vor ihr den Hut zog, hat ihn ihr Begleiter so
beleidigt, dass ihm das den sprichwörtlichen Rest gegeben
hat. Der Komponist ging nach Hause, legte sich hin und
stand nicht mehr auf. Er hat die Nahrungsaufnahme verweigert, und trotz aller Mühe, die sich seine Haushälterin
gab, ist er schließlich verhungert.

Was nicht im Stadtführer steht, sind auch Dinge wie diese: In Weimar ist es eng, kleinbürgerlich eng, der Dialekt ist
kaum zu verstehen, vielleicht will man auch nicht, und
überall riecht es nach Thüringer Bratwürsten. Die scheinen
die Menschen hier sehr zu mögen. Viele nahmen davor
Reißaus: Bach kam nicht aus freien Stücken, büchste aus
und wurde dafür prompt inhaftiert. Goethe machte regelmäßig lange Ferien von der Stadt. Und die exzentrische

Anna Amalia, die ihre getragenen Schuhe Männern als Orden anheftete, fand es nach dem Heirats-Umzug auch etwas fade in Weimar. »Lächerlich solch ein Geniekult, lächerlich, ein Leben in Spiritus zu konservieren, lächerlich, die Bewohner einer Stadt zu Mitwirkenden eines beständigen Passionsspiels zu machen«, hatte Egon-Erwin Kisch gesagt. Heute jedoch scheint hier jeder am liebsten Fremdenführer werden zu wollen, im »Kombinat Goethe und Schiller«, wie Weimar zu DDR-Zeiten genannt wurde. Ist der Lokalpatriotismus im Osten Deutschlands sowieso schon etwas überdimensioniert, so wird in Weimar selbst an Bartresen für die Stadt getrommelt: »Ich liebe diese Stadt, und es ist traumhaft schön, und ich kann nur jedem sagen: Ihr müsst alle herkommen und euch das anschauen. Nicht nur die Architektur ist schön, sondern auch die Vielseitigkeit der Kultur«, diktiert mir ein zugezogener Sachse in den Block, kontrolliert, ob ich es auch genau so notiere.

Es ist bald Mitternacht, ich bin müde, und kalt ist es auch. Die Empfehlung des Sachsen, im Freien zu übernachten, klingt plötzlich nicht mehr abenteuerlich. Wenn schon in Weimar, denn schon: Das erste Haus am Platze scheint mir jetzt gerade recht, das Hotel Elephant. »Für wie viele Nächte soll das sein?«, fragt der Rezeptionist. Goethe, Thomas Mann, Udo Lindenberg, Nike Wagner haben im Elephanten übernachtet. Und Adolf Hitler. Der ließ sich bei seinen Aufenthalten von der Bevölkerung auf den extra für ihn gebauten Balkon rufen: »Lieber Führer, komm heraus, aus dem Elephantenhaus.« Auch Schröder und Putin waren laut Gästebuch hier. Ich lade ab, ruhe mich kurz aus und hübsche mich dann doch noch einmal an – ich ziehe wieder los, bevor alle Bürgersteige hochgeklappt sind. Vor dem eleganten Hotel, auf dem Marktplatz, ketten die Angestellten der Bierlokale die Stühle fest. »Es reicht für heute – so viel geht ja dann doch nicht in Weimar«, sagt einer. Cranach-Haus und Rathaus sind angestrahlt. Davor flattern:

Europaflagge, Deutschlandflagge, Thüringenflagge, Weimar-flagge zur kettenrasselnden Nachtmusik.

Ein Lokal hat noch offen. »Hier hat Goethe schon ge-speist«, preist ein Schild. Eine Männerrunde schaut Fuß-ball. In den Schützen solle ich! Oder in den Turm. »Sie sind doch noch jung, und da können Sie zu den Studenten ge-hen. Was wollense denn?«, baggert einer. »Wieso zu den Studenten?«, hake ich nach. »Na ja, Musik, Tanz, Unterhal-tung, intelligente Unterhaltung. Was heutzutage knapp ist. Was wollense mehr?«

Die »Gerberstraße« meint ein Haus. In der Dunkelheit sehe ich nur die Spitzen der Zigaretten aufglühen. Das au-tonome Zentrum der Stadt spielt den Lumpensammler. Hier treffen sich die Tresencrews einiger Bars und feiern weiter. Die Autonomen sind nett zu mir, bieten ein Bett an: Extra-Zimmer, über der Bar, wo sonst Bands kampieren. Gratis! Schade, dass mein Gepäck schon im Elephanten steht.

Als ich im Morgengrauen zum Hotel gehe, bauen die Händler auf dem Marktplatz schon ihre Buden auf: Mini-Ginkobäume, Biosocken, Weidenkörbe. Beim Flotten Teufel werden die ersten Thüringer, also Weimarer Bratwürste, auf den Rost gelegt. Ein Stuhl steht in der Tür der Pizzeria. Eine ältere Frau wischt den Boden. Noch halb in der Nacht verabschiedet sich ein Pärchen für den Tag. »Tschüßi, mein Schatz!« Auch vor der Agentur für Arbeit haben sich schon einige angestellt.

Ich schlafe, so lange es geht, und reise dann weiter. Ohne Goethe- und Schillerhaus, ohne Neues Museum, ohne die staatlichen Kunstsammlungen und ohne das Stadtschloss gesehen zu haben. Aber wenigstens Weimar bei Nacht. Draußen stehen zwei ältere Damen mit ihren Koffern und Taschen, warten aufs Taxi zum Bahnhof. Sie unterhalten sich über ihre Reiseeindrücke. »Und dann immer 'ne Kut-schenparade in der Innenstadt – so wie zu Venedig die Gon-deln gehören, gehören eben zu Weimar die Kutschen«, sagt die eine. Und die andere fällt ein: »Na ja. Es könnte vieles verbessert werden. Da muss man manchmal vielleicht drüber hinwegsehen.« Etwa über westdeutsche Damen in lapislazulifarbenen Blusen, die sich an der Hotelrezeption erkundigen, ob Herr Nietzsche denn auch ab und zu hier esse.

21

Jena:
Kalter Krieg im Volksbad

Uwe Tellkamp sitzt auf meiner Strickjacke, der dicken braunen, meiner liebsten. Ich hatte sie ihm angeboten, denn die
Terrazzo-Bank unter meinem Po ist kalt. Unter seinem auch.
»Klamm«, sagt der bekannte Schriftsteller, sei sie oder besser: sei seine Hose. »Aufgeregt?« – »Immer. Und wie.«

Von Weimar nach Jena fährt man nur eine gute halbe
Stunde. Tellkamp fährt in die entgegengesetzte Richtung:
Morgen wird er in Weimar den Nationalpreis bekommen,
neben Erich Loest und Monika Maron. Im zwanzigsten Jahr
des Mauerfalls würdigt die Deutsche Nationalstiftung damit die Art, wie die Autoren ihre unterschiedlichen DDR-Er-
fahrungen literarisch verarbeitet haben. »Diese persönlichen Zeugnisse der erlebten Teilung Deutschlands wirken
gegen ein Vergessen ebenso wie gegen eine nostalgische
Verklärung der untergegangenen DDR«, so die Begründung.
Heute aber ist noch nicht morgen, und jetzt schwitzt und
friert Uwe Tellkamp neben mir im Jenaer Volksbad, ver-
steckt sich ein bisschen in der Dunkelheit, auf der Bank,
die an der Längsseite der einstigen Schwimmhalle entlang-
führt. Das Bad wurde 1909 gebaut. Tellkamp wartet auf der
Bank neben mir, bis der Moderator ihn vorgestellt hat. Er
versucht, seine Aufregung in den Griff zu kriegen. »Die
wievielte *Turm*-Lesung ist das nun?« – »Ich zähle sie nicht«,
sagt Tellkamp, ohne mich anzublicken. »Aber nach jeder
schreibe ich meiner Frau einen Brief. Irgendwann also werde ich's wissen«, flüstert er.

Das zum Veranstaltungszentrum umfunktionierte Gebäude wurde bis vor wenigen Jahren noch als Schwimmbad

genutzt. Überall Fliesen, teils alte, teils solche aus den Neunzigern, braun mit Farbverlauf und blau das Licht. Das Becken ist mit großen Metallplatten abgedeckt, rund dreihundert Leute, die intellektuelle Hautevolee der Glasstadt. Viele Menschen jenseits der fünfzig, denen man ansieht, dass sie sich ein wenig fein machen wollten, sitzen nun in Reihen da und starren auf die Bühne.

Der Autor wirkt älter, als ich ihn mir vorgestellt hatte, gesetzter, strenger. Er wettert gegen Rechner, SMS und E-Mail – und klingt nicht wie einer, der mit seinen vierzig Jahren doch eigentlich eben noch jung war. Am linken Arm trägt Tellkamp eine teure Glashütte-Uhr von Lange und Söhne (jedenfalls etwas, das so aussieht, und dass er eine Kopie trägt, glaube ich nicht). Rechts bedeckt ein Ring, größer noch als ein Siegelring, mit einem glänzenden Oval die Hälfte des Fingers. Sein Hemd ist rot, rot wie der Sozialismus oder die Liebe.

Als Tellkamp zu lesen beginnt, schreien die Leute »lauter!«. Die Akustik ist die einer Badeanstalt, nicht die eines Theaters. Tellkamp zieht das Mikro zu sich, sagt, nun ganz dresdnerisch: »Nu, dann müssen wir sehen, dass es nicht fiept.« Er kreuzt die Füße, die aus den sichtbar umgenähten schwarzen Anzugbeinen herausschauen, er wippt, er leitet die Nervosität nach unten ab. *Der Turm.* Rund tausend Seiten stark handelt der Roman von Bildungsbürgern, die damals noch keiner so nannte, von Leuten im Dresdner Villenviertel Weißer Hirsch. Menschen, die sich nach der Arbeit ans Klavier setzten, Leute, die Goethe lasen, die ins Theater gingen, die nicht die Arbeit ins Zentrum ihres Lebens rückten, sondern das Drumherum. Menschen, die wichtige Dinge nur unter freiem Himmel besprachen, weil in den Wohnungen die Staatssicherheit lauschte. Tellkamp liest von Parkas, die man sich nähen ließ, um auf der Buchmesse in Leipzig West-Bücher in großen Taschen verschwinden zu lassen, stets auf die gängigen Formate zugeschnitten: 9 x 13 Zentimeter für die Taschenbücher, größere für

Bildbände. Die Jacken hatten Taschen für »West-Plaste-beutel, West-Zigarretten, West-Kugelschreiber«: Bücher-Heu-schrecken nannten die Menschen das. Es geht auch um Kinder, die den Fahrkartenautomaten der Dresdner Stand-seilbahn mit Hosenknöpfen statt mit Münzen fütterten und die deshalb Ärger bekamen mit ihren Müttern: Knöpfe wa-ren in der DDR schwer zu kriegen, das Alu-Geld hingegen nichts wert. Das Publikum lacht an solchen Stellen, das Wir flackert auf – ein Bruder jenes Wir, das ich schon in der Le-sung von Dagmar Frederic kennengelernt hatte, auch wenn die Leute hier ganz andere sind. Unter den Schirmen, die auf den Fliesen liegen, zum Trocknen aufgespannt, rennt eine Maus.

Tellkamp nennt die DDR »eine sonderbare Zeit, ein son-derbares Märchen«. Schlaf, Stillstand, Entschleunigung: das habe dieses Land für ihn verkörpert. Ein Leben wie un-ter Mehltau. Da nimmt ein Älterer das Saal-Mikrophon, ein Mann in grauer Hose und weißem Freizeithemd, er sei aus Dresden, sagt er. Was Tellkamp geschrieben habe, sei nicht wahr: Die Versorgungslage sei in den Achtzigerjahren der DDR gut gewesen. Jeder habe einen Kühlschrank gehabt. Der Fortschritt sei groß gewesen. »Das war so schlecht nicht«, sagt der Alte. »Wir haben gut gelebt in unserem Dres-den, eine schöne Zeit«, und seine Stimme ist eine Mischung aus Verletzung, Vorwurf und Wut. Tellkamp wiegelt ab. Er kannte noch den Eismann und weiß, wie schwierig es war, fürs Auto einen Satz neuer Reifen zu bekommen. Doch der Mangel habe gute Seiten gehabt. »Jedes Ding in den Woh-nungen, in denen wir aufwuchsen, hatte seine Geschichte«, sagt Uwe Tellkamp. Das Meißner Porzellan, das die Eltern noch von der alten Zofe des Zaren bekommen hatten. Die Schale, für die man so lang nach einem Galvaniker hatte suchen müssen. Der Wasserfleck, der an der Decke wuchs, weil man keine Dachpappe hatte auftreiben können. Die Dinge seien früher länger geblieben, »wir haben mit ihnen gelebt«.

»Türme« – also Inseln eines anderen Lebens, der Kultur, der Moral, Milieus, die sich der Zeit entgegenzustemmen versuchen –, die habe er allerdings auch im Westen entdeckt, berichtet Tellkamp. Das habe ihn überrascht. »Doch auch im Westen gibt es Menschen, die Goethe und Eichendorff lesen oder *Nackt unter Wölfen* ansehen oder *Die Abenteuer des Werner Holt*« – für ihn die Insignien einer typischen DDR-Sozialisation. Eine Mittvierzigerin meldet sich, outet sich munter als im Osten lebende Kölnerin und kontert, dass umgekehrt sie überrascht gewesen sei: Erst aus dem *Turm* habe sie erfahren, dass es im Osten überhaupt Bildungsbürger gegeben habe. Heftiges Raunen im Saal. Empörte Blicke. Hätte Tellkamp sich auf der Bühne nackt ausgezogen – es hätte das Publikum vermutlich nicht minder irritiert. Die Kölnerin ist sofort isoliert. Der alte Dresdner, der mit den Kühlschränken, dreht sich zu ihr um. »Bildungsbürger gab es bei uns viel mehr als bei euch! Wir konnten doch nur in der inneren Immigration überleben, in der Bildung! Das habt ihr im Westen gar nicht kapiert«, schnappt er in ihre Richtung. Der Moderator, ein schlanker Sechziger im Cordanzug, springt ihm bei, sagt zur Westdeutschen: »Da sind Sie wohl einer Medienente aufgesessen.« Und keiner, auch Tellkamp nicht, sagt den Satz, der in diesem Augenblick fehlt: Dass natürlich beides stimmt. Dass es Dinge im Osten gab, die ein bildungsbürgerliches Leben förderten, obgleich oder auch gerade weil der Staat das kleinbürgerliche Arbeiter- und Bauerndasein als Maßstab ansetzte: Keiner hatte damals eine 24-Stunden-Bereitschaft in irgendeiner Marketingabteilung. Niemand unternahm Dienstreisen nach Südamerika. Man pflegte keine Fernbeziehung zwischen Köln und Dresden. Stattdessen kamen die Menschen nachmittags heim, saßen im Garten – und lasen. Sie trafen Freunde – und sprachen über Barockmusik. Sie tauschten Stoffe und Knöpfe für neue Kleidung gegen eine Schallplatte oder ein ganz bestimmtes Buch. Geld war nicht so wichtig, dem jagte man nicht nach. Doch

andersrum zog es natürlich Menschen, die die Kultur lieb-
ten, die selbstständig dachten und frei sein wollten, eher
in den Westen. Und damit dorthin, wo es schon immer
mehr von ihrer Sorte gab, weil der Osten schon immer ein
ärmerer Landstrich war. Doch das alles sagt keiner.

Lang ist die Schlange derer, die am Bücherstand ein Buch
kaufen, es vom berühmten Schriftsteller signieren lassen.
Tellkamp, Tellkamp, Tellkamp. Die Tresenkräfte, die allesamt noch aussehen, als säßen sie am Runden Tisch, jüngere Geschwister von Wolfgang Thierse und Markus Meckel,
schenken Wein aus, spülen Gläser, und lang noch stehen
die Menschen unter Schirmen vor dem Ausgang im ostdeutschen Sommerregen. Eine Radiofrau hält ihnen ihr Mikro-
fon hin, die, die eben noch Zuhörer waren, sprechen nun
selbst von früher. Eine Frau trägt an fleischigen Füßen Sandalen mit Fell, und ich denke: Passt irgendwie.

Ich werde nass, und ein bisschen in Gedanken suche ich
zwischen Ladenpassagen und Einkaufszeilen in der ausge-
storbenen und sehr gewöhnlichen Innenstadt Jenas länger
nach dem Auto als nötig. Als ich einen jägergrünen Toyota
sehe, die Beifahrertür trotz des Wetters geöffnet, Musik –
hart, laut, schnell; es klingt wüst und verboten –, weiß ich
wieder, wo ich bin. Die zwei Jungs, die darin hocken, saßen
vorhin schon hier. Der eine trägt Shorts, hat tätowierte Beine, und auf seinen Knien thront im Käfig ein gescheckter
Hase. Es sieht aus, als mümmele das Tier sein Heu im Takt.

22

Bücheloh im Nirgendwo:
Unfreiwillig gestrandet

»Sie haben Ihr Ziel erreicht.« Mein Kombi steht im Dunkeln, keine Straßenlaterne, kein Ort. Das Navigationsgerät – eines von jener Sorte, die man in den Zigarettenanzünder steckt – hat mich erst ein Stück am Geschlängel der Saale entlanggelotst, dann ging es rechts ab auf die Bundesautobahn, wieder runter, weiter, und irgendwann also hieß es, ich sei nun da. Ich wünschte, dem wäre so: Ich habe keinen Tropfen Benzin mehr. Auf den letzten fünfzig Kilometern, als der Mangel schon drohte, war nicht eine Tankstelle, die geöffnet hatte. Das Navigationssystem hat mich in die Irre geführt; statt in Suhl, wo ich eigentlich hinwollte, lande ich im Nirgendwo. Zu meinem Glück aber stottert das Auto auf der Kuppe eines Hügels. Ich lasse rollen, schramme im Tal an einer Mülltonne entlang – und tatsächlich ist da eine Pension, in der spätabends noch Fernsehlicht flackert, ist da eine Wirtin, die mir bereitwillig öffnet. Die Treppe ist steil, es riecht nach Fußbodenpolitur, und an der Wand hängen Alpenbilder. Der Schnee auf den Gipfeln ist silbern geprägt, auf einem Tischchen liegen Broschüren über »Ferien auf dem Lande in Thüringen«. So was bezeichnen Fremdenverkehrsbüros meist als »familiär« und »gepflegte Gastlichkeit«. Mehr nehme ich heute nicht mehr wahr. Ein veritabler Baldachin aus fliederfarbenem Tüll bewacht meine Träume in dieser Nacht, und morgens, beim Frühstück, sitze ich neben vier eisern schweigenden Senioren – bis einer der Männer sagt: »Jetzt wollen wir unseren Urlaub noch so richtig genießen.«

»Klar, Wolli«, sagt ein anderer.

Alle möglichen Männchen aus Ton, Tierchen aus Stroh, Figürchen aus Plastik hören zu; Dinge, an die man automatisch ein -chen anhängt, weil sie so klein und so niedlich sind, Firlefanz eben. Es gibt Filterkaffee mit Dosenmilch und ein Brötchen mit Mettwurst, und dann organisiert die freundliche Wirtin – Organisieren ist Kernkompetenz – Benzin für mich, über den Angestellten einer Werkstatt drei Häuser weiter. Ich bin gerettet und dankbar dafür. Hier komme ich kaum dazu nachzudenken, und ich will es auch nicht. An diesem Ort will ich die Augen schließen, will ich klaglos trinken und essen, ich will froh sein, dass ich Asyl bekomme. Ich will also nicht fragen. Aber eigentlich jedoch fragt man sich natürlich schon: Wieso eine Pension hier, in diesem Nest? Mit einem Badezimmer-Ventilator, der auch zwanzig Minuten nach dem Duschen noch das Zimmer zudröhnt? Ein dunkles Ferienzimmer, das auf die nächste Hauswand blickt – ich kann mit der Hand ihren glitzernden Rauputz berühren –, auch wenn es ein Wassertretbecken hinterm Haus gibt: Wer macht an einem solchen Ort Ferien? Aus freien Stücken? »Machen viele«, sagt die Wirtin. »Ich hab Stammgäste, die bleiben jedes Jahr vier Wochen.«

23

Oberhof am Rennsteig:
Das St. Moritz der DDR

Bücheloh, der letzte Ort, war schon traurig. Dieser hier wäre gern eine Art Gebirgsdorf, ist jedoch ein Begräbnis: viel Nichts und drumherum Hügel, eng an eng stehen die Mittelgebirgsfichten, über denen ein paar schiefergraue Kumuluswolken hängen. So präsentiert sich mir das St. Moritz der DDR, Oberhof, 825 Meter über dem Meer, ein Aushängeschild der untergegangenen Republik. Auf einen Schlag fühle ich mich zwanzig Jahre älter.

Der Mythos des Ortes ist längst dahin, die FDGB-Heime sind fort. Abgerissen das »Glück auf«, das »Thälmann«, und die Einwohnerzahl in den Keller gerauscht, auf 1 600, gut die Hälfte. Auch die einst ganzjährig ausgebuchten 2 000 Betten sind auf einen Bruchteil zusammengeschrumpft. Touristen fahren heute lieber ins echte St. Moritz, und wer dennoch kommt, kommt aus alter Gewohnheit oder weil er früher, in der DDR, nicht durfte und nun endlich darf.

Es ist nicht nur so, dass die Thüringer Berge und die Alpen gar nicht vergleichbar sind und die Landschaft sterbenslangweilig ist. Ganz Oberhof macht eine elende Figur. Es findet sich kaum mehr als eine Architektur, die mit »total verhunzt« recht gut beschrieben ist. Wo früher Holz- und Schieferschindeln die Häuser verkleideten, sind's nun pastellgelbe und schreiend orangefarbene Plättchen aus Kunststoff. Türen, Fenster, Gartenzäune und -zwerge aus dem Baumarkt, Kunstrasenteppiche unter Kunststoffstühlen, Hotel-Ruinen, Becherovka-Werbung. Im Prinzip muss man hier von einem Serienverbrechen sprechen, einem innen-, garten- und überhaupt architektonischen Schwerstdelikt. Ich sei in Nörgelstimmung? Aber ja! Und Oberhof ist schuld. Müsste ich hier leben – ich würde es nicht tun. Ich empfinde diese Kommune als unbeseelt, herzlos und kalt. So sei der Westen, hört man nicht selten im Osten. Kann ich gut verstehen, häufig stimmt's. Doch wieso gestalten Menschen, die derlei zu empfinden vermögen, dann die eigene Umgebung so, dass sie diesem Dreiklang entspricht? Wieso lassen sensible Gemüter das zu?

Ein Plakat wirbt für ein Konzert in Erfurt: »Ost-Rock-Klassik: Puhdys, City, Karat.« Eine lockige Frau in Tarnweste fährt vorbei, im geringelten Rollstuhl; schwarz-rot-goldenes Klebeband ist ums Gestell gewickelt. Siebenundvierzig Geschäfte hätten in den vergangenen Jahren eröffnet und wieder geschlossen, siebenundvierzig allein in dieser einen Straße, sagt die stramme wasserstoffblonde Frau. Einzig die Buchhandlung sei seit achtunddreißig Jahren da. »Ich führe heute noch so manches gute Kinderbuch aus Ost-Zeiten. Das kennt man in der Großstadt ja gar nicht mehr«, sagt die Inhaberin. Mir scheinen andere Themen stark überrepräsentiert: Kochen, Abnehmen, Sex, Krimis und die DDR. »Für mein Programm bin ich bekannt, sowas findense in der Großstadt nicht«, sagt die Frau. Vielleicht richtig, denke ich.

Nach nebenan solle ich, eine Bratwurst essen, wird mir geraten, davon schwärme in Oberhof jeder, eine Wurst, wie ich sie »in der Großstadt« garantiert nicht finden würde. Ich gehe lieber ins Vergissmeinnicht – Bratwurst ist, gleich wo, nicht so mein Ding. Vor dem Lokal hängen Kutscherlampen mit dem Schriftzug von Radeberger. Kräuterdetscher, Wanderteller, Soljanka. Meine Wahl ist ein Schlag ins Wasser: Der Friséesalat ist total versalzen. Ich will der lokalen Küche eine Chance geben, Friséesalat zählt nicht unbedingt dazu, also bestelle ich noch einen Sauerbraten mit Meerrettich-Kloß. Es schmeckt pampig, wässrig, und von sauer kann die Rede nicht sein. Eine Küche ohne jedwede Verfeinerung, Tiefkühlprodukte in Tunke ertränkt. Selbst die Kontaktanzeigen der Zeitung, die ich zum Nachtisch durchblättere, zeugen von tiefer Verzweiflung. »Hallo Fräuleins, hallo Frauen!!! Was bekomme ich für ca. 50 Euro? Bin 32 J., sauber und nett. Alter und Aussehen etc. völlig egal. Auto vorhanden.«

Natürlich: Auch Oberhof hat Vorzüge, die Leute haben sich etwas dabei gedacht, als sie hier Hotels und Pensionen und Gaststätten hinstellten. Das Nest liegt am berühmten Rennsteig. Der Winter ist lang, Schnee gibt es meist von November bis April. Wenn das Weiß die schlimmsten Bausünden verdeckt, wenn der Himmel blau ist, die Sonne scheint, hat man vermutlich einen hübschen Blick übers dicht gestaffelte Holz und die gezuckerten Kuppen. »Wir sind hier doch im Mittelpunkt drin«, sagt mir ein Geschäftsmann: »Nur eine Stunde nach Erfurt oder Eisenach, in Suhl das Waffenmuseum, und dann die schönen Talsperren hier in den Bergen.« Was man mehr wolle? Ich verschweige, was mir da alles einfiele. Nun eröffne in Oberhof außerdem der Ski-Tunnel, einer von drei Langlauf-Tunneln weltweit: Selbst im Hochsommer bei 33 Grad kann man dann unter Kunstlicht die Loipe entlangrutschen. Man kann auch Kutschfahrten machen, den Hochseilgarten besuchen, das Rennschlittenmuseum, man kann Minigolf spielen; richtig aufregende Ferien erleben also, Adrenalin pur. Kann man alles. Aber ob man das auch will?

Ich glaube, Oberhof ist eine Sache, die vor allem ältere Leute anspricht, Bürger des untergegangenen Staates, die mausgraue Sorte. Menschen, für die das Damals topaktuell ist und die ansonsten mit dieser Beerdigungsstimmung eben schon insofern vertraut sind, als dass sie sie umdeklarieren zu einer himmlischen Ruhe. Auch Ulbricht hatte, als er in diesem Alter war, in Oberhof ein Gästehaus, in das er gern die Genossen lud. Der Thüringen-Fan war oft in der gut bewachten Immobilie oben im Wald, und wenn er nicht gestorben wär, so wär er hier wohl noch heute.

Bleiben oder Gehen? Mit den zwei ungleichen Hälften eines Zahnstochers lose ich mit mir selbst. Bleiben. Und da mir die Enge der Bücheloher Pension noch in den Knochen sitzt, entscheide ich mich fürs größte Haus, das erste am Platz, das Panorama. Seit 1969 gibt es in Oberhof dieses einstmals prächtigste Interhotel der Deutschen Demokratischen Republik: eine erste Adresse der DDR-Touristik. Sogar der DDR-Sandmann flog in zwei seiner Sendungen am Hotel vorbei, und ich wette: Man sieht den Kasten gar aus dem All. Erbaut wurde das Haus in Form einer doppelten Sprungschanze von schwedischen Architekten und von bis zu 700 Bauarbeitern aus Sarajevo[3]. Schwimmhalle, Dampfsauna, Trockensauna, zu Ost-Zeiten gab es auch Kaminhalle, China-Zimmer und ein Café ganz oben unterm Dach, das Bellevue; also wirklich absolute sozialistische Spitzenklasse. Der FDGB schickte nur die verlässlichsten Leute in dieses Hotel, 360 Angestellte kümmerten sich um sie. Krethi und Plethi, klar, mussten draußen bleiben. Mussten warten. Bis zur Wende.

Heute gehört das Panorama zur Ramada-Gruppe, Reisebusse schütteln ihre Ladung ab, mit Dumping-Pauschalen wird der Kasten mit den 409 Zimmern auf 60 Prozent Auslastung hochgepeitscht. Osterfeuer mit James-Last-Musik für 300 Gäste, Weihnachtsfeiern in der Lobby mit 400, 220 000 Übernachtungen pro Jahr. Viel für einen sonst so toten Ort wie diesen. Doch obgleich mir weisgemacht werden soll, dass »vornehmlich junge Familien« das Hotel frequentierten und der Theo-Treff-Bär jeden Morgen um zehn vor zehn in der Lobby auf Kinder wartet, bleibe ich dabei: Das Durchschnittsalter liegt bei weit über sechzig. In der Hotel-Diskothek Waldmarie ist heute, mitten in der Woche, natürlich nichts los. »Mach Dich karibisch« oder »Ich & Ich

---

[3] Von denen nicht wenige geblieben sind: Man trifft im Thüringer Wald auf Menschen, die zwar längst den Dialekt der Gegend beherrschen, jedoch einen Namen tragen, der auf čići, -vic oder -ica endet.

Fanparty«: Solche Geschichten finden nur freitags und samstags statt, wenn vielleicht leicht verkorkste Jurareferendare aus Jena ihre Freundinnen zum Wellness-Weekend hier hochschleppen. Heute also wirbt nur ein Schild für die Waldmarie, und darunter parken Spielautomaten, einarmige Banditen, Maschinen, die Fahrten in schnellen Autos simulieren, so was. Ein längst nicht mehr junges Paar knutscht vor – man müsste eigentlich sagen: *auf* – einem der Automaten. Es blinkt und hupt und klingelt und dröhnt, ihr Goldschmuck scheppert auf dem Glas. Ein blauer DDR-Bob steht im Foyer, Geschäfte locken die Hotelklientel, ein bisschen Geld hier zu lassen: Glasfigürchen, Vornamen-Karten und -Kaffeetassen, kleine Trabbi- und Wartburg-Modelle. Ein Modegeschäft verkauft neben Anoraks und Halstüchern auch Kunstlederwaren und hat Hygieneartikel auf DDR-Art dekoriert: so, als seien dies teure Parfums, wie einst die Intershopware stehen da Fa, 8x4, o.b.

Im Restaurant, ein paar Schritte weiter, gibt sich ein Mitarbeiter wirklich viel Mühe. Er versucht, mit halbtoten Gästen Bingo zu spielen. Ein Mann mit schwarzer Schirmmütze schläft im Sessel, ein anderer filmt die ganze Sache. Nebenan gibt's den »Kids Club Indoor Planet«, einen überdachten Spielplatz, und oben, in Etage zwölf, kann man heiraten: Hundert Hochzeiten im Jahr finden hier statt, im höchsten Trauzimmer Thüringens. Schwarze Stühle in Reihen, ein Blümchenbild absichtlich schief im 30-Grad-Winkel auf die Tapete drapiert, falscher Efeu rankt über den gemalten Rahmen. Von hier schweift der Blick weit über die bewaldeten Kuppen. Ich denke: ein wenig sehr weit vielleicht für Menschen, die gerade dabei sind, einander festzupflocken.

Der 33-jährige Panorama-Direktor, Michael Nimphius, sieht aus wie 23, steht damit also in krassem Gegensatz zu seinen Gästen. Er trägt Brille, gegelte Strubbelhaare, eine Ringelkrawatte, und er strahlt vor Zufriedenheit und Glück. Nimphius führt mich durchs Haus. Erst 2008 sei er aus dem Westen gekommen, aus dem Sauerlandstern in Willingen, sagt der nette junge Hoteldirektor, und ich vermute: Hier, an dieser harten Nuss von Hotel, will er zeigen, was er kann. Muss er wohl auch, denn nach einiger Zeit zeigt seine Zufriedenheit Risse. »Und dann«, stöhnt er, »gibt es Leute, die bringen ihr Picknick mit und ihren Kuchen von zu Hause.« Probleme gibt es aber nicht nur mit Gästen, die sich lieber selbst verpflegen. Im Ort müsse »viel mehr passieren«. Und neulich habe ihm ein Subunternehmer – »vom Arbeitsamt kommt ja nichts« – fünf Leute zum Arbeiten schicken wollen. Die erste, eine ältere Frau, die bedienen wollte, habe ihr Gebiss daheim vergessen.[4] Eine zweite Möchte-gern-Servicekraft wollte in Jeans mit lila Pulli antreten, anstatt, wie abgemacht, in einer Bluse. Eine dritte habe darauf bestanden, um 18 Uhr nach Hause zu gehen, weil »dann im Fernsehen *GZSZ* läuft«, sagt Nimphius, die RTL-Seifenoper *Gute Zeiten, schlechte Zeiten* also. Bewerber Nummer vier und fünf seien erst gar nicht erschienen. »Und dann die Presse!«, sagt der Direktor. Er verdreht die Augen und guckt ein bisschen streng: »Die kommen her, picken sich nur das Schlimmste raus«, sagt er. »Und werfen uns dann um Jahre zurück.« Ich sagte es ja schon: kein leichter Job.

In diesem Haus bin ich vollkommen paranoid, und zwar von den Zehenspitzen bis zum Scheitel. Jedes Mal, bevor ich mein Zimmer, Nummer 751, verlasse, schicke ich mir per E-Mail eine Kopie dieses Textes nach Hause. Ich vermeide es, mein Notizbuch aus den Augen zu lassen. Ich sehe Zimmerwände und Nachttischchen kritisch an, ich klopfe die Wand ab, ich hebe sogar meine Gratis-Wasserflasche an, um zu sehen, ob der Boden der Pulle nicht mit irgendetwas beklebt ist. Mein Misstrauen wabert durch 751, dessen Fenster auf so verdächtiger Brusthöhe sind, es fährt im Fahrstuhl mit (mit dem ich, um Verfolger abzuschütteln,

---

4 Eine Sache, die ich übrigens sehr lustig finde. Haben Sie so etwas schon mal gehört?

erst nach oben fahre, obgleich ich nach unten will). Es sitzt in der Sauna, beim Frühstück: Gab – oder gibt? – es hier, wo doch noch so vieles ist, wie es damals war, Wanzen, also Mikrofone? Und tatsächlich bestätigt dies Herr Nimphius: »Das Hotel«, berichtet er, »musste komplett entwanzt werden. Abhöranlagen gab's in allen Zimmern, in den Fahrstühlen, überall.« Vor allem bei den großen Sportereignissen hier in Oberhof, den Biathlon-Weltmeisterschaften, sei es hoch hergegangen. Einmal hätten zwei von der Stasi einen Journalisten aus Bayern angemault, als sie ihn in der Lobby trafen: Unter ihren Kopfhörern könnten sie, so sagten sie, den Dialekt des Westdeutschen kaum verstehen. Die Kabel seien gekappt, die Abhörzentrale aber noch da, erzählt der Hoteldirektor. »Wollen Sie sie sehen?« Ein Mitarbeiter, der schon da ist, seit das Hotel eröffnet wurde, seit 1969, hat sich zu uns gesellt. Der Direktor sieht ihn aufmunternd an. Der Mann jedoch schüttelt den Kopf, wird feuerrot, kriegt hektische Flecken. »Die Anlage war nur für den Fall einer Bombendrohung«, sagt er. »Von Überwachung haben wir hier nie etwas gespürt.« Peinliche Stille.

Als ich gehe, schimpfen zwei Seniorinnen im Fahrstuhl lautstark über eine Schwiegertochter, die irgendein Grab nicht ordentlich pflege, und unten angekommen, rammt mir ein Sachse seinen Rollator in die Hacken, um als Erster draußen zu sein. »Geht doch«, sagt er, als ich zur Seite springe. Noch so einer von damals im Heute.

24

Saalburg: Manchmal bleibt nur noch die Flucht – Kulinarische Grenzerfahrung II

Östlich von Oberhof, doch nah an der Südkante der einsti-gen DDR zu Bayern, liegt der größte Stausee des ganzen vereinigten Landes – ein Superlativ, der mich ein wenig neugierig macht. Die Bleilochtalsperre, die man in den spä-ten Zwanzigern des letzten Jahrhunderts zwischen den Blei-bergen aufgestaut hat, windet sich achtundzwanzig Kilo-meter zwischen den Hügeln, bis sie als Saale weiterfließt. Klingt hübsch? Stimmt. Wäre hier nichts als Natur, könnte man sich an einem Fjord in Norwegen wähnen. Doch Saal-burg, der größte Ort an diesem See, macht den Eindruck so-fort zunichte. Das 1 500-Einwohner-Nest, seit 2003 offiziell mit der Gemeinde Ebersdorf zusammengeschlossen, einem noch kleineren Flecken, scheint alle Schwermut absorbiert zu haben. Von der Saalburg, die ihm seinen Namen gab, stehen nur noch die Grundmauern und der Stumpf des Berg-frieds. Das erste Haus am Platz, gerade neu eröffnet, ver-schreckt seine Gäste mit gummierten Tischdecken, die an den Unterarmen ziepen, und mit einer Speisekarte, die ein-mal mehr die Wahl bietet zwischen Würzfleisch, Soljanka und Toast Hawai. Nein, niemand erwartet im Thüringischen Flammkuchen oder Schwäbische Maultauschen.[5] Doch wie-so erhebt sich hier nichts über die Qualität einer Imbiss-bude, auch dann nicht, wenn es ein x-faches kostet? Mein mit Gouda überbackener, viel zu weich gekochter Blumen-kohl wird von Kartoffelmasse begleitet, die in der Tiefkühl-kostfabrik erst zu Gitterform gepresst und dann frittiert

---

[5] Wobei: Warum eigentlich nicht?

wurde – ein Lebensmittel, das den Namen nicht verdient und aussieht wie ein Gullydeckel. Natürlich: Ich verstehe, dass viele Menschen andere Sorgen haben. Doch Krautsalat aus dem Eimer, Reste-Soljanka, paniertes Schnitzel mit brauner Einheitssoße oder eben diese Gullydeckel: Muss man solche Dinge essen, mehr als sechzig Jahre nach dem Krieg?

Kinder scheint es in dem Ort nicht zu geben: weder auf der Terrasse des Restaurants noch irgendwo am Ufer. Obgleich Sommerferien sind und später Nachmittag ist, sehe ich keine Kinder beim Baden, keine Rad fahren, keine beim Spielen. Nicht einmal am Eis Point, wie die Eisdiele heißt, die giftgrün zwischen den grauen Häusern an der Durchgangsstraße klemmt, sieht man ein Kind. Dafür einen Mann, der an zwei Eistüten gleichzeitig schleckt, stereo. Und zwei Damen um die sechzig, die sich Seeräubertücher um den Kopf gebunden haben. Die Männer, die wohl zu ihnen gehören, tragen atmungsaktive Jacken und Handgelenktäschchen und trotteln hinterher. Zwei Jungs in CDU-T-Shirts sind dabei, Wahlplakate mit einem neuen Motiv zu überkleben: Anstelle des schwarzen, aus Angola stammenden Integrationsbeauftragten, mit dem die Thüringer Union im Superwahljahr mutig in den Kampf ziehen wollte, kleben sie nun doch den Slogan »Zukunft macht man nicht mit links«. Dass die Plakate wegen der Attacken von Rechtsextremen ausgetauscht würden, die es in den letzten Tagen wohl gab, dass sie also einknickt, wird die Partei noch am selben Tag bestreiten.

Wie überall im Osten, so scheint auch hier die Kiosk- und Imbisskultur zu den florierenden Branchen zu zählen. Hier, wir sind schließlich in Thüringen, in Form einer Würstchenbude. Anderswo sind an Ufern Häuser oft besonders repräsentativ. Die Restaurants direkt am Wasser sind etwas schicker, es gibt Promenaden zum Flanieren, Häfen, idyllische Wanderwege, Boulevards. Nicht so in Saalburg. Hier, da bin ich sicher, lebt man nicht. Man wartet nur, dass die Jahre vergehen.

An der grauen Durchgangsstraße, die auch über die Brücke führt, werben Schilder »Ferienwohnung zu vermieten«. Wohnungen, von denen keiner weiß, wer sie mieten soll. Ein Geschäft verkauft zwischen Zeitungen und Plastikkitsch von heute noch Souvenirs und Spielzeug aus OstZeiten, gegenüber ist die Sparkasse: Das war's. Und um Saalburg herum sehe ich nichts als die üblichen Bungalows auf Wochenendgrundstücken, mit denen Ostbürger einst wohl für fleißige IM-Tätigkeit von der Staatssicherheit oder für sonstiges Bravsein in der Diktatur des Proletariats belohnt wurden. Ein solches Häuschen miete nun auch ich für die Nacht – direkt am Ufer und samt Wassertreter, Klapprad, Tischtennisplatte. »Aufbettung möglich« stand in der Beschreibung – brauche ich nicht. Ich bin froh, dass mich keiner so sieht. Ich sitze in einem nach feuchten Pappwänden muffelnden Raum. Von einem mit schwarzem Kunstleder bezogenen Sessel, auf dem meine nackten Unterschenkel kleben, blicke ich auf folgende Dinge: Stausee (spiegelglatt), Plastikblumen (in lila), Anbauwand (diesmal Buchenachbildung mit schräg eingesetztem Spiegelglas), zu spitzen Gipfeln drapierte Kissen auf dem Ehebett (mit Leopardenmuster, Satin). Und auf eine wild in Brauntönen gemusterte Tapete. Eine traurige Clownsmaske hängt daran. Ich weiß, dass man nicht trinken soll, um zu vergessen. An diesem Abend jedoch öffne ich eine der beiden Rotweinflaschen, die ich für besonders triste Stunden im Kofferraum habe, und als die Sonne hinter die Ausläufer des Fichtelgebirges sinkt, bin ich erleichtert. Erleichtert, dass dieser Tag zu Ende geht.

Anderntags breche ich bald auf, mir fällt nichts ein, was ich hier noch gern tun würde. Benzin aber brauche ich, und der Tankwart ist nett. Neben der Tankstelle hat er auch ein kleines Autohaus, eines für Gebrauchte. Die Abwrackprämie lähme das Geschäft. Mehr als Ersatzteile würde derzeit nicht verkauft, »und an Ersatzteilen«, sagt der Mann mit dem sauberen Haarschnitt und Karohemd, »verdiene ich nichts«. Benzin aber laufe zum Glück ja immer, das Fahren mache einfach viel zu viel Spaß. Keiner derer, die für ihn arbeiten, erzählt der Geschäftsmann fast ein bisschen stolz, habe durchgängig seinen Führerschein. »Wir fahren alle zu schnell, na klar.« Auch die Jungs, die mit ihren tiefer gelegten BMW, Opel, Toyotas, mit ein paar Mädchen, Dosenbier und Red Bull heute schon um die Mittagszeit neben den Staubsaugeranlagen stehen. Zwei haben die Klappen ihres Kofferraums offen, Batterien von Boxen darin, ausgewachsene Car-HiFi-Anlagen, die für angemessene Beschallung der Landstraße sorgen. »Das gehört bei uns zum guten Ton«, sagt einer von ihnen ohne jede Fröhlichkeit in der Stimme, und er meint damit wohl das eine wie das andere: die Musik wie das Verlieren des Führerscheins. Wie zum Beweis kommt mir nur wenige Kilometer später auf der Bundesstraße ein Geisterfahrer entgegen: ein aufgemotzter roter Audi, auf dessen Kühlerhaube Flammen züngeln. Er hält auf mich zu, sekundenlang. Im allerletzten Moment weiche ich aus – auf seine Fahrbahn, nach links, und er rast rechts an mir vorbei. In diesem Moment gelingt es mir nicht zu denken, dass es Verrückte doch überall gibt. In diesem Augenblick finde ich Thüringen einfach nur zum Fürchten.

Ich fahre raus aus den Nadelwäldern, raus aus den Bergen, vorsichtig, aber zügig fahre ich in Richtung Nordwesten. Als ich halte, um auf die Landkarte zu schauen, steht am Straßenrand neben mir ein militärgrüner Pritschenwagen. Dort, wo normalerweise die Heckscheibe ist, prangt auf ebenfalls olivgrünem Grund das weiße Logo der Rechten-Band *Stahlgewitter Tätervolk*, das S gezeichnet wie das der Hitler-SS. Das VW-Emblem über dem Nummernschild hat eine Art Reichsadler fest im Griff. Mein Rücken schmerzt, der Bauch, der Kopf. Ich passiere Erfurt, nehme ein Stück die Landstraßen über Sömmerda und Nordhausen. Freiwillig zuckele ich hinter zwei Traktoren her, sehe sogar ein paar hübsche und nahezu intakte Dörfer; Dörfer, in denen noch nicht alles von Baumärkten zerstört scheint. Eher als geplant wechsele ich das Bundesland und atme auf. »Thüringen – einfach unvergesslich« grüßt ein Schild zum Abschied. Fast schäme ich mich, es ist zu absurd: Zwanzig Jahre nach der Öffnung der Mauer mache ich heute rüber. Ich mache Station im ersten Ort hinter der einstigen Grenze, im Harz, am Fuße des Gebirgsstocks auf niedersächsischer, auf westdeutscher Seite.

Terrassenhäuser mit Spitzengardinen, Omas mit frisch geschorenen Königspudeln, Käfer-Cabrios, Villen mit gepflegten Gärten. Bad Harzburg ist ein Rentner-Paradies-West. Mein Pensionszimmer ist scheußlich, aber ich bilde mir ein: Es ist scheußlich auf eine andere, eine weniger beklemmende Weise. Ich mache einen langen Spaziergang, besorge mir bei Naturkost Surmann Brötchen und Ziegenkäse und lese auf der Terrasse mit Blick Richtung Westen. Dann sehe ich mir, seit Langem das erste Mal, im Fernsehen die *Tagesthemen* an. In dieser Nacht schlafe ich tief, fest und lang, und als ich aufstehe, scheint die Sonne von einem wolkenlosen Himmel. Die Wände des Frühstücksraums sind rot-orange gestreift, in der Halle des Hauses stehen Klassiker aus den Sechzigerjahren. Der Wirt, ein legerer Typ in Jeans, frühstückt mit seinen drei Kindern zwischen den wenigen Gästen, er lacht. Als alle außer mir weg sind, lauscht er der Presseschau im Radio und dreht lauter, als ein Stück von Miles Davis kommt.

25

Güsten im Salzlandkreis:
Gelebtes Grauen

Von oben betrachtet befinde ich mich von Berlin aus nun auf acht Uhr. Vor mir ein gelber Lieferwagen: »Gaumen-schmaus, das Frischgrill-Hähnchen«, hinter mir ein unge-duldiger Mercedes SLK aus Magdeburg, links eine Harley aus Braunschweig, rechts und links Klatschmohn im Gold der Ähren. Dann plötzlich Stau, Unfall auf der A 14 in Rich-tung Halle. Ich fahre ab. Die Landschaft sagt nichts. Nord-östlich der letzten Harzausläufer sticht Güsten heraus, Güsten im Salzlandkreis, also im Nirgendwo.

Gleich hinter dem Ortseingang säumt ein knappes Dut-zend Häuser die Straße, allesamt eine Spur zu großspurig, zu teuer für die Gegend. Ich halte an, steige aus. Ich wüsste gern, wer hier wohnt. Doch kein Mensch weit und breit. Als sich die Tür eines Hauses öffnet, einen Spaltbreit nur, kommt ein großer Hund heraus, die Promenadenmischung rennt auf mich zu. Exakt auf der Grenze des Grundstücks bleibt das Tier bellend stehen. Und dann kommt doch eine Frau hinterher, mit rosa Gummihandschuhen, die bis über die Ellenbogen reichen. »Gehen Sie weiter«, pampt sie mich an, als ich frage, wer hier wohnt. Nebenan wackeln Gardinen.

Der Linienbus hält. Ein Mann in der Kluft einer Sicher-heitsfirma steigt aus, einen blauen Rucksack geschultert. Altes, DDR-Graues, Tristes neben Luxusfertighäusern in aseptisch wirkenden Gärten – oder ebensolchen Höfen. Denn viele Gärten wurden in dieser Gegend einfach gleich zube-toniert und sind keine mehr. Keine Blumen, keine Mohr-rüben und Tomaten, keine Erdbeeren, Himbeeren, Stachel-beeren oder Zwetschgenbäume, stattdessen pflegeleichtes

Grau. Mal liegen Waschbetonplatten großflächig vor den Häusern, mal ist alles sauber asphaltiert, mal ist da nur Erde, auf der nichts wächst außer zwei, drei Tuja-Bäumen. Immer sind die Grundstücke eingezäunt mit protzig wirkenden Spießen, mit Gußeisernem, mit Betonhohlkörpern. Es ist so behämmert, dass mich friert.

Das Dorf, mal wieder offiziell eine Stadt, zieht sich an der B 185 entlang. Am ehemaligen Schützenplatz, jetzt heißt er offiziell Rudolf-Breitscheid-Platz, ist ein Springbrunnen aus den Siebzigern, der sogar noch Wasser führt – ein Wahrzeichen Güstens. Schäumend sprudelt das Nass in die Becken. Rosenbüsche, fünf Männer, die auf den Bänken zwischen Brunnen und einem Krieger-Denkmal hocken, alle mit Schirmmütze, einer mit einer Flasche Bier. Was sie machen? »Na was wohl! Ne Partei gründen!«, sagt einer, die anderen lachen, und ich denke: Recht haben sie, eine doofe Frage. Eine Frau läuft vorbei: langer Zopf (tiefschwarz), Pulli (rosé), kurzer Rock, glänzende Kunstledertasche, Pumps (alles in weiß). Direkt vor dem Brunnen, vor den Männern, tritt sie ihre Zigarette aus, dreht sich ein paarmal auf dem Ballen, vollführt ein schwungvolles kleines Tänzchen auf der Kippe. Das Hotel Bürgerhaus gegenüber steht unter großen Kastanien und wirbt: »Hier ist was los«, und ich frage mich: nur was? Geschäfte für Grabmale gibt es in Güsten, ein Sonnenstudio, einen Fahrradladen, vier Friedhöfe. Der jüdische sei geschändet worden – die Steine wurden, so erzählt man mir, als Baumaterial benutzt. In Güsten säßen ehemalige SED-Funktionäre noch immer in Amt und Würden, berichtet ein Mitarbeiter des Verwaltungsamtes unter der Hand, der nicht genannt werden will. Paramilitärische Kampfgruppenchefs, Parteisekretäre bestimmten die Geschicke des Ortes. Und all die alten DDR-Straßennamen, auch die gibt es in Güsten noch: Ernst-Thälmann-Platz und Karl-Marx-Straße, Walter-Munke-Straße, Freiheitsdamm und Neues Leben. An dieser Stelle muss ich Hubertus Knabe zitieren, den Direktor der Gedenkstätte in Berlin-Hohenschönhausen. Für sein Buch *Die Täter sind unter uns* hat der Historiker nämlich durchgezählt. »Karl Marx ist auf den Straßen der Bundesrepublik noch 550-mal verewigt (davon einige Male auch im Westen).« Mitstreiter Engels kommt laut Knabe auf 243 Straßen und Plätze. Rosa Luxemburg und Karl Liebknecht schaffen 596 Straßen. »Absoluter Spitzen-reiter ist jedoch Ernst Thälmann«, schreibt Knabe, »an ihn erinnern 613 Straßen und Plätze.« Ferner gäbe es: 337 Stra-ßen der Jugend, 285 Straßen der Einheit, die nicht etwa die deutsche Einheit rühmen, sondern die Zwangsvereinigung von SPD und KPD. 220 Straßen der Freundschaft (Freund-schaft natürlich zur Sowjetunion), es gibt 90 Straßen der Pioniere, 48 Straßen der DSF (also der Deutsch-sowjeti-schen Freundschaft), 44 LPG-Straßen, 36 Straßen der MTS, das waren die Maschinen-Traktoren-Stationen der DDR. »Da fallen die 20 Straßen, die an im Dienst getötete Grenz-soldaten erinnern, kaum noch ins Gewicht«, schreibt er. Widerstand gegen das Fortexistieren der DDR in diesen Na-men? Gibt es in Ostdeutschland so gut wie nicht. Und in Güsten? Mein Eindruck ist nur der einer Durchreisenden. Einladend jedoch ist es nicht. Der Ort wirkt sauber, be-klemmend ordentlich, sehr reizlos und inhaltsleer: Das Nützliche ist wohl da, das Schöne wurde komplett verges-sen. Wäre Güsten ein Mensch, so würde man ihm vermut-lich stimmungsaufhellende Medikamente verschreiben.

Ein junger Mann, höchstens 25, hält mit seinem schwar-zen BMW neben mir, lässt die Scheibe herunter. Was ich hier wolle, herrscht er mich in Blockwart-Tonlage an. »Schauen«, sage ich wahrheitsgemäß – und gehe ja auch tatsächlich nur die Straße entlang. »Was schauen?«, setzt er das Verhör fort, ich ziehe es vor zu lachen und zucke nur mit den Schultern. »Na dann, schauen Sie. Aber ich kann Sie nur warnen«, sagt er, »das mögen wir hier nicht«, und tritt kräf-tig aufs Gas.

26

Halle:
Die Hölle an der Saale

Eine Versammlung von Grau, jedwede Inspiration fehlt. Das Traurige ist, dass die Hässlichkeit keiner mehr sieht: die kaputtrenovierten Häuser, die verhunzten Straßen und öden Plätze. Keiner hört, wie alles hier vor Verzweiflung schreit; so sehr haben sich die Menschen daran gewöhnt, dass alles Steinerne um sie herum trostlos ist, die Restaurants und Geschäfte nur Attrappen, sie selbst eingesperrt zwischen Bürozweckbauten, Schulzweckbauten, Einkaufszweckbauten. Das Hotel, in dem ich heute lande, teilt sich seinen Parkplatz mit einer Autovermietung, nebenan ist das Double-XX, ein Bordell. Ich bin selbst schuld: Ich wollte sparsam sein, nach kostspieligen Nächten in Weimar und Oberhof, und dies ist das günstigste Hotel hier in Halle. Es war aber noch immer teuer genug, 53 Euro, Frühstück exklusive – für diese Lage viel. Der Kellner im Restaurant, das zum Haus gehört, ist freundlich, der Rest geschmacklos. Riesig die Leinwand, auf der n-tv läuft. In der anderen Ecke das Bühnenbild eines Weinkellers: Fässer, Flaschen, Flaschenregale. Das Lokal gehört mal wieder zu jenen Dingen, die so tun als ob. Tut, als ob's ein Schiff wäre, ein Schiff mit Weinkeller. Auf Mahaghoni gebeizte Möbel, Decken und Böden, Messingleisten, Bullaugen-Imitate, Downlights. Zweimaster segeln über die milchigen Scheiben, die die Sitzecken des Restaurants voneinander trennen. »Herzlich Willkommen« steht mitten im Saal auf einer Ministaffelei. Als hätte der Laden die Flagge der Kapitulation gehisst.

Zwei Mitarbeiterinnen des Mitteldeutschen Rundfunks, offenbar im Hotel einquartiert, sitzen neben mir beim Bier, nörgeln laut über Kollegen, sprechen über ihre Arbeit. »Best wishes from Santa Monica« steht auf dem roten T-Shirt der älteren, die andere trägt ein Kostüm ohne Taille. Da der Kellner es versäumt, meine Kerze anzuzünden, frage ich die beiden, ob ich mir an ihrer Feuer nehmen dürfe. »Ph!«, schnaubt die Taillenlose, verächtlich ob einer solchen Frage, die sie offenkundig albern findet, eine Antwort bekomme ich nicht. Zu meiner Rechten ein Schnitzel essendes Paar, er sehr dick im Anzug, der Bauch hängt wie ein Balkon überm Gürtel, sie sehr dünn in weißem Top mit breiten roten Hosenträgern drüber, mit riesiger roter Lacktasche und einer »Hello-Kitty«-Haarspange, die ihr die sehr blonden Haare aus der Stirn hält. Beide essen alles auf, bis auf den Zitronenschnitz. »Warum macht man eigentlich so einen Goldrand auf die Gläser?«, fragt er, als er fertig ist, erwartet aber keine Antwort, fährt nur mit dem nassen Bierfinger auf dem Rand entlang, sodass es quietscht. Seine Freundin quietscht ebenfalls, kichert. »War sehr fein«, sagt sie zum Kellner, als der abräumt. Und ihr Begleiter: »Und der Mann bezahlt, Sie wissen doch, wie's ist, gehört sich ja.« Und sie giggelt nochmals ein bisschen, als wäre sie zwölfeinhalb, höchstens, und nicht fünfundvierzig.

Als ich in den Fahrstuhl steige, hat mich der Tag längst weich gekocht. Beim Anblick des Bettes in meinem schlauchartigen Zimmer sehe ich masturbierende Handelsvertreter. Rotbraun wie Erbrochenes ist der Teppich. Die weiße Wand des Zimmers ist mit gelben Streifen und Dreiecken garniert, und das Fenster bietet keine Flucht: Es blickt auf ein Flachdach voller Antennen, auf die Autovermietung, die Straße, die Staub und Lärm nach oben schickt, auf verdreckte Fassaden. Ich atme tief durch. Überm Fernseher hängt Renoirs *In der Gartenlaube des Moulin de la Galette* – es ist ein billiger kleiner Druck im Plastikrahmen, ein Rahmen, der auf Messing macht. Heute, an diesem unerträglich traurigen Tag, empfinde ich das Bild als Trost.

Natürlich: Schreckliche Hotels finden sich überall, in allen Städten gibt es sie. Doch ist nicht anderswo auch ein bisschen mehr Hoffnung? Wie zuvor im Thüringer Wald habe ich auch in Halle wieder das Gefühl, dass mich das Land, dessen Pass ich besitze, mit Füßen tritt. Ein Gefühl, das mir sehr wahr erscheint. Und das ich dennoch sogleich verscheuche, da es mir auch großspurig vorkommt. Als ob es mich wahrnähme, dieses Land. Vermutlich ist es viel schlimmer: Es tritt um sich, tritt einfach jeden. Weil ich den Schalter der Leselampe nicht finden kann, benutze ich die beiden Teelichter, die ich für Notfälle im Seitenfach meiner Reisetasche stecken habe, lese ein paar Sätze, puste die Kerzen jedoch schon nach wenigen Minuten aus. Ich will nichts mehr sehen.

»Wache!?«, bellt der Mann in den Hörer, als ich anderntags die Hochschule anrufe. Ich bin verdutzt. Vermittelt wollte ich werden, doch die »Wache« am anderen Ende der Leitung – oder der Mann, der die Wache ruft? – pampt herum. »Wo bin ich nun?«, frage ich, weil ich schlicht nicht verstanden habe, doch er brüllt nur: »Spreche ich kein Deutsch?«, und sagt dann, etwas ruhiger: »Die Frau ist nicht da.« Er sei nur »die Vertretung des Service-Centers«. Als ich den Professor der berühmten Design-Hochschule in Halle, Burg Giebichenstein, dann erreiche, weil ich einfach irgendeine Durchwahl wähle und mich von dort verbinden lasse, sagt er gleich zu.

Ich hätte mir den Tag sparen sollen. Ich hatte mir viel davon erhofft, wurde aber enttäuscht. Einen Experten in Sachen Gestaltung habe ich getroffen, einen lässig gekleideten, sympathisch wirkenden Mann mit Pilzfrisur, einen Hochschullehrer, der aus dem Westen kommt und seit Jahren in Halle lebt. Von ihm hatte ich wissen wollen, wie er Architektur, Design, Mode wahrnimmt, er als Gestalter, als Wanderer zwischen den deutschen Welten. Was ist anders im Osten? Wie unterscheidet sich das Denken über die gute Form, was finden Ostdeutsche schön, wie würden sie, wenn sie könnten, gern leben? Denn immerhin: Die Traditionen von Bauhaus und Werkbund stammen aus dem Osten Deutschlands. Hier sind etwa die Deutschen Werkstätten in Dresden-Hellerau oder das einstige Möbelkombinat in Stendal, wo man noch heute berühmte Stühle baut. Auch Plattenbauten wie WBS 70 waren besser gedacht als später gemacht. Wieso also sieht man trotzdem überall Litzen, Kitsch und Rüschen, noch mehr als im Westen? Wieso so selten etwas, was schlicht und gut gestaltet ist? Doch das Thema scheint den Professor nicht wirklich zu interessieren. Zwar beklagt er beim Schwertfisch-Carpaccio, zu dem wir in seinem dunklen Auto fahren, selbst die Schwierigkeit, in Halle eine Wohnung zu finden, die nicht mit schräg verlegten Fliesen und Kunststoff-Laminat überm Holzboden verschandelt sei. Ansonsten jedoch wiederholt er sein Mantra vom bösen Westen und dem guten Osten, bis daneben nichts mehr übrig bleibt. Feinfühlig, umweltbewusst, sozial kompetent die Menschen – und die Studenten – im Osten. Geldgierig, konsumgeil, zu laut und fixiert auf Labels, Image und andere Äußerlichkeiten die aus dem Westen. Er sagt: »Eben völlig zerwühlt von der Postmoderne.« Beispiele nennen kann er keine. Als der Hochschullehrer Nordkorea und Kuba als die letzten Bastionen des Glücks stilisiert, als Länder, in denen die Menschen fröhlich singend auf den Feldern ihre Arbeit tun, frage ich mich, ob ich versehentlich bewusstseinsverändernde Drogen genommen habe.

Hölle an der Saale, wie böse Zungen die Stadt Halle auch nennen, hat sich mir von merkwürdiger Seite präsentiert. Und natürlich gibt es hier hässliche graue Ecken. Es gibt abrissreife Altbauten und die Großsiedlung Halle-Neustadt für einst 100 000 Menschen und jenes Stadtparlament, dem nachgesagt wird, es bestünde aus Leuten, die das Spießer- und Muckertum erfunden hätten. Halle hat ein denkbar schlechtes Image, und entsprechend habe ich es auch erlebt. Dabei will ich auch etwas zur Ehrenrettung dieser Stadt tun und sagen: Es gibt schöne Ecken hier, die habe ich bei früheren Besuchen gesehen. Eine in weiten Teilen unversehrte Altstadt, das grüne Ufer der Saale. Es gibt alte Bürgerhäuser. Sie sind wachgeküsst, befreit vom Ruß und dem Dreck und fiesem Gestank, der hier, im Chemiedreieck Leuna-Buna-Bitterfeld, jahrzehntelang auf sie niederging. Wachgeküsst von der Wende und einer Luft, die sie wieder atmen lässt. Halle kann schon schön sein, wenn man's am rechten Ende erwischt.

Etwas außerhalb, auf der Landstraße, halte ich an. Und vor mir hält auch ein schwarzer Mercedes: älteres Baujahr, an der Scheibe im Heck das, was man hierzulande »Fickfolie« nennt, die Rückleuchten des Autos sind schwarz abgeklebt. Zwei Männer und eine junge Frau steigen aus, alle in schwarzen Jacken. Einer der Männer pisst hinter einen Busch, dann schlendern die drei zu einem Kirschbaum, ziehen Äste und Zweige zu sich, schieben sich Früchte in den Mund und pflücken welche in einen Plastikbeutel. »Ich bin doch nicht blöd« steht auf der vollen Tüte, die die Frau ein paar Minuten später lachend in den Kofferraum packt, ein Kirschenpaar über jedem Ohr.

27

Hohen Neuendorf:
Kulinarische Grenzerfahrung III

Ich habe mir Erholung verordnet. Thüringen und Sachsen-Anhalt mögen Ecken haben, die okay sind. Im Großen und Ganzen jedoch, das habe ich schon all die Jahre wieder und wieder feststellen müssen, sind beide Bundesländer nicht mein Ding: Ich kriege Beklemmungen dort. Darum breche ich auf in den weiten und leeren ostdeutschen Norden.

Einmal sehen ist besser als hundert Mal hören, sagen die Chinesen. Was aber soll man in Hohen Neuendorf sehen? Die Himmelspagode. Darin sind sich der Betreiber der Tankstelle und die beiden Kunden, die gerade anstehen, einig. Nur wegen der Himmelspagode, 2002 eröffnet, heißt Hohen Neuendorf seit Jahren fast nur noch Hoh-Neu. »Wer hat hier wen bestochen?«, fragt man sich. Der dreistöckige Asia-Architektur-Stadtplanungs-Supergau am Ortsausgang ist nicht nur ein Chinarestaurant mit 500 Plätzen. Hier wird auch geheiratet; der »Pekingsaal« im zweiten Stock und der »Himmelssaal« ganz oben werden regelmäßig vom Standesamt Hohen Neuendorf genutzt. In diesem Bau zu heiraten – im Festtags-Kimono – erscheint mir ähnlich absurd wie eine Hochzeit im Tropical Island, doch gut, die Leute mögen das. Und umgekehrt lieben die Chinesen es ja angeblich auch, in weiß und ganz europäisch »ja« zu sagen.

Die Himmelspagode ist nicht zu übersehen, sie steht gleich rechts hinter Ernsting's family, Auto Hoffmann, Kaufland und Mago, der »Frische mit Biss«. Auf dem Parkplatz vor der Himmelspagode (rot leuchten die Buchstaben H und P) steht eine Frau mit rotem BH, freigelegt von einem rückenfreien (fast: pofreien) schwarzen Top. Daneben ihre Freundin im Paillettenkleid, in dem sich die Lichter des Pagoden-Palastes und die Strahler der Springbrunnen spiegeln. Der Rocksaum gibt gerade so den Blick frei auf weiße spitze Stöckel mit Reißverschluss und Perlenverzierung am Knöchel.

Etwa zwanzig Autos, zumeist mit dem Kennzeichen OHV für Oberhavel, zumeist tiefergelegt, parken neben den beiden Brünetten und ihren Begleitern, die – ihren aufgedonnerten Freundinnen zum Trotz – ihre Hemden über der hellen Jeans und dazu weiße Joggingschuhe tragen. Alle nesteln sich zurecht für den Auftritt in dem feinen Schuppen: Wochenendausgang in Hohen Neuendorf, ganz international.

Der Rundbau am Rande Hohen Neuendorfs (»Der grüne i-Punkt von Berlin«) soll dem Himmelstempel der Ming- und Qing-Dynastie in Peking nachempfunden sein. Die blau glasierten Ziegel glänzen im letzten Rest der untergehenden Sonne. Eine breite, von Gipslöwen gesäumte Treppe führt zum Portal, hinter dem zwei freundliche und akzentfrei Deutsch sprechende Chinesen die Gäste empfangen und zu ihren Tischen bringen. Das ist auch wichtig, denn betritt man die Himmelspagode, sieht man nichts, ist man geblendet vor lauter Glanz und Glitzer: An Deckenfriesen, an Säulen, auf Spiegeln kämpfen Drachen, wuchern Blüten, flattern Vögel. Kirschholzschnitzereien, die tun, als wären sie Bambus-Gestrüpp, wachsen vor jagdgrünen Thermopenfenstern, Rosen und Papageien tummeln sich auf Glas-Raumteilern. Smaragdgrüne und goldene Säulen, Becken mit Koi-Karpfen, den Symbolen für Glück, Erfolg und Tapferkeit. Ferner erschlagen mich schier: ein über drei Stockwerke pendelnder Glitzerlüster, der in einer Art Atrium hängt, Armlehnstühle (mit rotem Samt bezogen) und südamerikanische (aber irgendwie auch global klingende) Panflötemusik, wie man sie auch aus Fahrstühlen kennt, nur lauter.

Hätte ich nur nichts gegessen! Die Himmelspagode ist das mit Abstand schlechteste Restaurant, das ich bisher auf meinen Reisen besucht habe. Ich habe oft miserabel gegessen in den vergangenen Wochen, okay, aber immerhin hat mich keine Mahlzeit für gleich drei Tage bei Kamillentee ans Bett gefesselt. Nirgendwo habe ich mir so den Magen verdorben wie hier. Sieht man ab von den heftigen Krämpfen, die mir der abgeranzte Fraß beschert, ist das Essen nicht der Rede wert: der übliche Süß-sauer-Kram, den es beim Take-away um die Ecke gibt, aber noch schlechter und vom Buffet, denn das spart Personal. Ein mittelaltes Paar sitzt unter einer Säule und ist zu schön, um wahr zu sein. Tatsächlich trägt er das Hemd weit aufgeknöpft, tatsächlich trägt sie ein Fußkettchen über den weißen Ballerinas mit Nietenbesatz. Windjacken-Rentner, vielfach gepiercte Pärchen und Blondinen mit Außenwelle schaufeln sich die Teller voll mit gebackenem Huhn und Ananas und nehmen beim Gehen noch fünf Glückskekse aus dem Korb. Dabei sind sie schon längst glücklich.

Was jedoch jedem Abend in der Himmelspagode ein Krönchen aufsetzt, ist der abschließende Gang zur Toilette. Der wird zum Shopping-Erlebnis. In Vitrinen links und rechts der beiden Türen warten Mini-Kimonos für Puppen (8 Euro), Glücksbringer in Form fetter Katzen (6 Euro), eine »Wärmplatte (vergoldet)« in Form einer Ente (159 Euro), diverse Perlenketten und Specksteinschnitzereien in wirklich allen denkbaren Größen, Farben und Spielarten. Zwei Specksteinmonster reichten mir bis fast zur Brust. Es gibt verzierte Essstäbchen, Haarklemmen, Notizblöcke (in Form chinesischer Pantoffeln oder – wieder mal – Kimonos) und chinesische Vasen (zu Preisen zwischen 110 und 780 Euro). Schätzungsweise jeder fünfte weibliche Gast wird Opfer dieser Einkaufsfalle. Ich bezahle nur mein Gericht, und zwar nach Zeit. Das kreative Himmelspagoden-Abrechnungssystem nämlich lautet: zwei Stunden 13,90 Euro, drei Stunden 16,90 Euro, Getränke exklusive. Ich bleibe weit unter zwei Stunden. Dann wird das Buffet geschlossen, und Glockenschlag neun leert sich der Parkplatz. Auf der Treppe finde ich den Zettel aus einem Glückskeks: »You should take some days off.«

Der Bernsteinsee bei Velten:
Volkseigentum an der Autobahn

»Klar, Bernstein findense hier überall«, antwortet der Park-platzwächter, als ich bezahle und frage, was es mit dem Namen auf sich habe. »Sie müssen nur suchen!« Das China-Essen hatte mich gezwungen, ein paar Tage im Bett zu blei-ben. Doch am ersten Morgen ohne Beschwerden breche ich zum zweiten Mal gen Norden auf. An einem kleinen See nördlich der Stadtgrenze mache ich stopp. Bernsteinsee, das klingt so schön. Der See, in den frühen Siebzigern beim Straßenbau gebuddelt, liegt gleich neben Velten. Eine Stadt übrigens, die damit wirbt, ein »beeindruckendes Ofenmu-seum« zu haben. Der See liegt gleich neben der Autobahn. Deshalb kann man am Strand des Baggerlochs, über das weithin sichtbar die Deutschlandflagge weht, auch alles hören: kein gleichmäßiges Rauschen aus der Ferne, son-dern jedes Motorrad, jedes Auto, jeden Lkw einzeln. Das Quieken der Blesshühner, die zwischen gelben Bojen in trü-bem Wasser schwimmen, klingt wie Protest. Die wenigen Gäste, die an diesem schwülwarmen Vormittag unter dem alten Wachturm des Bademeisters liegen, zwischen Birken und Pusteblumen, scheint es nicht zu stören. Sie rücken ihre Körper ins Sonnenlicht und schauen skeptisch in die Wolken.

»Das Wasser ist warm wie Sau«, ruft die Mutter eines Kleinkindes, sich durch Wasserpflanzen kämpfend, ihrer Freundin zu. »Die stechen, die Schweine«, erwidert ihre Freundin und dreht den nackten, sandigen Po gen Himmel, ohne auf die Wassertemperatur-Bemerkung einzugehen. Mit »Schweinen« meint sie, vermute ich, Ameisen.

Am Strand stehen Buden: uralte Toiletten und Imbiss-
stände. Drei Männer lehnen an der Fuchsbau-Luke, trinken
Krombacher, 0,3 l zu 1,80 Euro. Ein offensichtlich sehr ver-
liebtes Paar, beide um die fünfzig, er mit Kojack-Glatze, sie
mit roten Haaren, sitzt nackt im Sand des FKK-Abschnitts,
trinkt Rotwein aus Plastikbechern, zwischen sich ein Glas
Würstchen.[6]

Kojack faltet die *Junge Welt* zusammen und tätschelt
zärtlich ihre Schenkel. Eine Frau schlendert mit gesenktem
Kopf den Strand entlang, ein bisschen als würde sie beten,
sie sucht vielleicht Bernstein. Auf einer Bank, ebenfalls
nackt, sitzt ein Beinamputierter mit Sonnenbrille. Er unter-
hält sich mit einem angezogenen älteren Ehepaar. Über alte
Zeiten, als er mit einem anderen Amputierten Schuhpaare
geteilt habe, »der rechts, ich links«. Das Paar lacht. Als junger Mann sei er einbeinig vom Zehnmeter-Turm gesprun-
gen, sagt der Beinlose und guckt über seine Brille mit dem
türkisfarbenen Gestell, »Arschbombe, Bleistift, Köpper, alles«. Manchmal auch von der Glienicker Brücke. Bis einer
seiner Freunde auf einem Schleppkahn gelandet sei – »Köpper aufs Schiff. Alles voller Blut«. Schweigen. »Wir waren
glücklicher früher«, sagt die Frau, was an dieser Stelle sehr
unpassend wirkt. »Heute ist es nicht mehr schön. Überall
solche aus dem Westen.« Und dann mokiert sie sich über irgendeine Immobiliensache: »Dat is doch Volkseigentum!«
Ihr Mann korrigiert: »War, Grete, war.«

---

[6] Bei Szenen wie dieser denken Westdeutsche manchmal, die ganze
DDR sei ein einziger FFK-Strand gewesen. Angeblich gab es aber nur
vierzig in der ganzen Republik. Dennoch gibt es noch immer Ostdeutsche, die steif und fest behaupten, die DDR hätte auch deshalb
die besseren Liebhaber hervorgebracht.

29

Bernau bei Berlin:
Supergau Plattenbau

In Stralsund soll es 1990 etwa vierhundert denkmalge-
schützte Häuser gegeben haben. Zu DDR-Zeiten wurden
pro Jahr ein bis zwei saniert, mehr nicht. Stralsund, Qued-
linburg, Halberstadt und Görlitz – alles Städte, die durch
den Mauerfall in letzter Minute gerettet wurden. Auch Viertel wie Leipzig-Connewitz oder die Dresdner Neustadt wären erst dem Verfall, dann dem Abrissbagger zum Opfer
gefallen. Für Altbauten, in der DDR auch Sinnbild einer
bürgerlichen Lebensweise, war schlicht zu wenig Geld da –
Günther Mittag, als ZK-Sekretär für die DDR-Planwirtschaft
zuständig, hat die Umleitung der nötigen Mittel verweigert und damit die Sanierung alter Städte an die Wand
gefahren.

Bernau ist so eine Stadt, die nicht gerettet wurde. Die
Fachwerkhäuser der Altstadt hat man in den Siebzigern
und Achtzigern abgerissen, die Rekonstruktion der stark
verfallenen Substanz war den Verantwortlichen zu teuer.
Nach der Häuserschlachtung wurden aus niedrigen Plattenbauten ein paar neue Straßenzüge errichtet. Wilfried
Stallknecht – jener DDR-Baumeister, dessen Ausstellung
ich vor einigen Wochen in Cottbus besucht hatte – hat hier
flächendeckend wirken dürfen. Für Freunde des Großsied-
lungsbaus, der Plattenbauweise, ist Bernau seither ein
Muss. Für andere nicht. Doch damals, als die neuen Häuser entstanden, haben die Bürger beim Rat der Stadt auf
der Matte gestanden danach. Drei-Raum-Wohnung, 61,5
Quadratmeter für Vater, Mutter, Kind – »das war ganz wunderbar«, sagt eine Krankenschwester, die seit neunund-

zwanzig Jahren in der Tuchmacherstraße wohnt. Viele Nachbarn hätten zwar noch immer die DDR-Tapeten an der Wand, sagt die Frau, die auf dem Sofa sitzt, »und im Bad diese Tapete, die aussieht wie Fliesen«. Das verstehe sie nicht, und sie schüttelt den Kopf, den Blick auf die neue Schrankwand gerichtet, ansonsten aber: »Unsere Häuser sind doch tipp-topp!«

In Bernau gibt es nur noch den Rest einer Innenstadt, die meisten Geschäfte sind nun außerhalb. Es gibt noch ein paar vietnamesische Läden, Nagelstudios, Cafés, eine Buchhandlung und ab und an einen kleinen Wochenmarkt. »Bernau ist wie ein Krematorium!«, sagt mir die alte Vogt-länderin, die auf diesem Markt neben mir am Gewürzstand steht. Sie kauft Soljanka-Würze, Leberwurstkraut, also Majoran, und Senfmehl »fürs Fußbad«. In Bernau, sagt sie, sei »alles tot«, keiner rede mit dem anderen. »Alles beschissen hier, ich hoffe nur, es geht bald recht schnell«, sagt die resolute Alte und meint damit nicht das Ende der Kleinstadt im Nordosten Berlins, sondern das ihre. Der Gewürzhänd-ler, ein zauseliger älterer Kerl mit Ohrring, erzählt ihr, dass er heute »noch fast nichts verkauft« habe. Vielleicht, um die Frau aufzumuntern, um ihr zu zeigen, sie ist nicht die Einzige, deren Lage nicht eben rosig ist. Vielleicht auch, um sein bohemienhaftes Getue durchs Pleitesein noch zu unterstreichen, sagt er, dass er auf dem Handy noch ein Guthaben von genau zwei Cent habe. Und nicht einmal mehr genug Geld, um das Auto zu betanken, um heute nach Hause zu fahren, »in meine Kopfwohnung im Pusch-kinviertel«. Dort jedoch sei es »schön, schön wie auf dem Dorf«. Er höre, wenn der Nachbar seine Schnitzel klopfe, »papierdünn«, und dass Peter, der mit ihm und Klaus den »Club der Ungeküssten« gebildet habe, nun doch eine neue Freundin habe. Das höre er auch. »Die Wohnung ist schon toll, aber das Leben heute beschissen«, sagt der Mann. Ar-grarpilot hatte er eigentlich werden wollen, Düngemittel aussprühen, »mit dem Flugzeug über die Felder«, aber das hat nicht geklappt. Heute gehe es allen nur noch ums Geld. Ihm nicht? Nein, ihm nicht, sagt der Mann. Gewürze vereinten Kultur, Gesundheit, Geschichte, »die alten Salzhandelsstraßen und die christliche Seefahrt und so«. Früher habe er unterm Verkaufstisch stets dreißig Kilo Pflanzenbestimmungsbücher gehabt, Geschichtsbücher, medizinische Nachschlagewerke. Damit er den Kunden alles erklären könne. Damit sie nach 89 etwas lernen sollten über die Gewürze, die größtenteils unbekannt waren. Er sei von der alten Sorte, sagt er auch, und: In den Westen kriegten ihn keine zehn Pferde. »Wissense, ich kann mich noch freuen. Ich sehe noch einen alten Baum, ich rechne noch mit dem Kopf«, erklärt der Vielredner selbstbewusst, als sei dies eins – Kopfrechnen und Ostdeutsch-Sein, Westdeutsch-Sein und freudlos mit geschlossenen Augen durch die Welt marschieren.

Menschen wie dieser Händler, das Herz schon irgendwie am rechten Fleck, lassen mich immer wieder denken, dass die Sehnsucht nach der DDR auch ein bisschen das ist: eine Sehnsucht nicht mehr ganz junger Leute nach rustikaleren Zeiten. Nach einem Leben, in dem man Löcher in Socken noch stopft, in dem der Sonntag noch Sonntag ist und Kinder mit dem Boot zur Schule rudern. Solche Menschen sehnen sich nach Zeiten, da Mobilität noch keine Erwartung war, die sie zu erfüllen hatten: In der DDR war eine Reise von Bernau nach Thüringen noch wirklich eine Reise. Freunde zogen nicht eben mal in ein anderes Land. Man blieb, war da. Das waren auch jene Zeiten, da niemand ein Telefon besaß – und da man sich drum oft auf gut Glück besuchte, sich häufiger sah und weniger einsam war. Auf Wandertouren konnte es passieren, dass irgendeine Großmutter einem Kartoffelpuffer buk, die man, je nach Gegend, auch Datscher nannte oder Bombes: Dinge, die es so heute nicht mehr oft gibt, die es früher aber ähnlich natürlich auch im Westen gegeben hat. Schöne Erinnerungen – und doch begleitet auch von

Dingen, von denen die meisten wohl froh sind, sie los zu sein.

Und dann will der Händler noch etwas loswerden. Zum einen sei da dieser Junge. »Siebzehn, mit Hasenscharte.« Der habe ihn soeben angehauen, wollte mit ihm ziehen, für ihn arbeiten. »›Ich muss raus‹, hat der gesagt, gebettelt: ›Nimm mich mit!‹« Die Eltern des Jungen seien beide arbeitslos, ständig besoffen, der Vater verprügle Frau und Sohn. Doch er selbst, sagt der Händler, wisse ja auch nicht, wovon leben. Was solle er mit einem Jungen? In der heutigen Zeit? Und dann sei da diese Freundin, »eine verrückte, aber kluge Frau, sie ist Fahrdienstleiterin bei der Bahn«. Diese Freundin habe übersinnliche Fähigkeiten. »Schreibe deine Wünsche auf ein Blatt Papier und lege dieses verkehrt herum an einen geheimen Ort«, habe sie ihm geraten. Habe er gemacht. Und prompt seien seine beiden größten Feinde gestorben – im Abstand von nur sechs Wochen. Der Händler erwartet keine Antwort. Was soll ich auch sagen? Eine Frau kommt, kauft Plastiktütchen mit Pfeffer in weiß und rot. Sie habe einen neuen Job, berichtet sie, endlich – als Testkäuferin für Supermärkte. »Aber wenn ich Sachen rausschmuggeln soll, um Verkäuferinnen zu leimen, das mach ich nicht«, sagt sie trotzig und erntet die Zustimmung des Kräutermannes, »da haste recht, Erika, is ja wie bei der ›Firma‹«, sagt er, und Firma meint die Staatssicherheit. Und dann verkauft er doch noch ein bisschen was: Eine Kundin mit lila Kurzhaarfrisur fragt, wo Curry eigentlich wachse, der Händler grinst das Grinsen des Überlegenen und klärt sie auf. Zwei junge Mädchen wollen wissen, wie Harissa schmeckt. »Das ist scharfes Zeugs, da werden die Haarwurzeln feucht«, sagt der Endfünfziger mit Anmacherblick. Die Mädchen kichern, sehen sich an, werden rot. »Alle?« Er lacht. Und als ich mich bereits verabschiedet habe, kauft ein Angler Anis für die Fische. Dem Händler verrät er sogar die Stelle, wo sie derzeit gut beißen sollen, »weil du's bist, nicht weiterquatschen!«. Vielleicht doch kein so schlechter Tag für den Händler.

Ein Strafzettel an der Windschutzscheibe. Kaum drehe ich den Schlüssel im Zündschloss, fängt es an zu tröpfeln. Der Regen wird stärker, und draußen lässt das Leben nach: Fast ablesbar an den Taktzeiten von Heide- und anderen Nahverkehrsbahnen, die aus dem Speckgürtel Berlins in Richtung Norden stechen, wird das Land am Straßenrand leerer, grauer und ärmer. Die neureichen Häuser in kreischenden Farben, die eine Weile noch die Straßenränder sprenkelten, werden selten. Noch eine jener Fertighaussiedlungen, die aussehen, als wollten damit westdeutsche Bauunternehmer ostdeutsche Kaufkraft abschöpfen. Häuser, die, so fürchten derzeit auch Experten, keine fünfzehn Jahre alt werden, weil sie massive Bauschäden haben. An ihnen ist nichts ökologisch, nichts ist ordentlich gedämmt. Mit ihnen wurden nur kleine Wünsche erfüllt. Kurzfristig. Ob sie glücklich machen, was ein Zweck von Häusern ist, scheint fraglich. Im Nirgendwo Richtung Norden gewinnt die DDR die Oberhand, ich fahre durch eine Landschaft in Grau. Allein Altglascontainer bringen etwas Farbe ins Spiel: leer stehende schmutziggraue Häuser voller Graffiti, mausgraue LPG-Baracken. Es tröpfelt aus blaugrauen Wolken auf eingefallene Dächer und bröckelnde Fassaden mit den Schriftzügen aus einem anderen System; zerschossen sind die Buchstaben, und was sie sagen, gilt längst nicht mehr. Es regnet auf vernagelte Fenster und auf Gärten, in denen sich ausgediente Dinge stapeln: rostige Eggen und Pflüge, Betonmischer, Trabbis ohne Räder, Kinderfahrräder mit Barbie-Aufklebern. Ranken überwuchern Teile des Schrotts. Die Energie, klar Schiff zu machen, scheinen hier nur noch wenige zu haben: Wo nicht ein bisschen Tourismus ein Dorf, einen kleinen See, ein Städtchen aus der Bedeutungslosigkeit hebt, ist graues Nichts, scheint alles wertlos geworden. Das Autoradio meldet dennoch einen Hoffnungsschimmer: Der Osten sei von der weltweiten Wirtschaftskrise weit weniger betroffen als der Westen. Hier sei man »weniger exportabhängig«. Sagen ließe sich auch: Einem nackten Mann kann man nicht in die Tasche greifen – wo nichts ist, ist wenig zu verlieren.

30

Heiligendamm und Warnemünde:
Luxushotels und Klassenkampf

Stunden im Auto, Stau in Richtung Norden. Dann stehe in an der grauen See. Von der klassizistischen Fassade über der dorischen Säulenreihe des Hotel-Kurhauses deklamiert – auf mit geriebenem Lapislazuli gestrichenem Grund, der Liter von dem Zeugs soll um die 30 000 Euro kosten – eine goldene Inschrift das Motto des Nestes gen Dänemark: »Heic Te Laetitia Invitat Post Balnea Sanum«, und das heißt, etwas frei übersetzt: »Nach gesundem Plantschen geht es lustig weiter.«

Lustig? Nun ja. Ein Grandhotel ist zunächst einmal ein Grandhotel. Alles hier ist sehr solide in natürlichen Farben gehalten, die Räume norddeutsch-klassizistisch mit jeder Menge Samt, Baumwolle und Leinen befüllt. Dinge, die abfedern, was von draußen durch die dicken Mauern dringen könnte. Natürlich ist, obgleich ich nie jemanden sehe, der hier putzte und wedelte, nirgendwo ein Fussel. Stattdessen erfreuen den Gast, also mich, böhmische Lüster, handbemalte Seidentapeten aus China, die Lob verdienen, und in der Minibar eine Einwegkamera »für Momente, die man nicht vergisst«. In meinem persönlichen Badezimmer, aber selbstverständlich auch im Spa-Bereich, stapeln sich Unmengen dicker flauschiger Handtücher neben luxuriöser Mini-Flacons *ultrasmooth coco de mer body lotion* in nahezu unbegrenzter Menge, und im ganzen Haus sehe ich in verschwenderischen Mengen Blumen der Jahreszeit in größeren und kleineren Vasen. Jetzt sitze ich in der Bibliothek, unter den wachsamen Augen von Luise von Preußen und Alexandrine, der Großherzogin von Mecklenburg, in Gesellschaft ihrer Töchter. Die Damen tragen Öl. Das Sofa macht auf Louis XIV und ist megatief. Ich lasse mich einlullen in die kleinen, hübschen Geräusche: ein Brunnen plätschert, Pumps klappern über den Marmor, ein Klavierspieler klimpert in der Nelson-Bar, in der Nelson nie war, und der Mann, der im goldknopfbesetzten Jackett ein Sofa weiter liest, raschelt mit der *FAZ*. Ihn ärgert vielleicht das leise Klacken meiner Tastatur. Die Kellner sind auf lässige Art superfreundlich. Einer nimmt mich sogar an der Hand, um mich auf die Terrasse rauszuschleppen: »Schauen Sie, wie schön das Meer ist, die Sterne, der Wind! Sie müssen jetzt mal aufhören zu arbeiten!« Eine Geste, die ich als rührend empfinde, ich hätte diesen Kellner fast geküsst.[7]

Dann sitze ich doch wieder auf Louis XIV und gebe vermutlich ein komisches Bild ab: Ich schreibe, kichernd, bis in die Nacht. Der Gedanke, dass meine lächerliche kleine Schufa-Auskunft möglicherweise (ich sage bewusst: möglicherweise, sicher bin ich nicht) besser aussieht als die des armen reichen Mannes, dem hier das meiste gehört (oder eben auch nicht), finde ich auf eine Art beruhigend und lustig.

Aber warum erzähle ich das? Die Situation in Heiligendamm ist nicht ganz einfach zu verstehen. Sie ist ein einziges großes »Ja, aber«.

Heiligendamm, von Berlin aus gesehen ziemlich genau bei elf Uhr, ist ein Ortsteil Bad Doberans: 280 Einwohner, der winzige Bahnhof für Molli, die alte Dampfeisen-Bäderbahn, und direkt an der See, die zur Stunde wie Blei scheint, obgleich sie schäumt; ein architektonisches Gesamtkunstwerk aus Bade- und Logierhäusern, von Schinkel-Schüler Carl Theodor Severin und anderen bekannten Baumeistern erbaut. Eben das Grandhotel, in dem ich nun sitze. Heiligendamm ist Deutschlands ältestes Seebad, im 18. Jahrhundert nach englischem Vorbild gegründet, denn

---

[7] Selbstverständlich habe ich mich jedoch nicht getraut.

Englisches war damals sehr angesagt. Der Ort hat ein sehr gesundes Mikroklima, und drum machten früher der Kaiser und ähnliche Menschen hier Ferien. Nun soll es, nach einer kleinen kriegs- und DDR-bedingten Pause, ähnlich feudal weitergehen: Die Hotelbetreiber wollen die Hautevolee nach Heiligendamm locken – ungeachtet dessen, dass für die Hautevolle außerhalb des Hotels eigentlich noch gar nichts da ist. Denn an der mecklenburgischen Küste leben Menschen, die schon immer eher auf der Verliererseite des Lebens standen, seit Generationen: Leibeigene, Tagelöhner, LPG-Arbeiter. Nach Drittem Reich und DDR kam 1989 die Freiheit, doch für das, was dann noch alles kam, waren viele nicht eben gut gerüstet: Nirgendwo gibt es so wenige Existenzgründungen, nirgendwo so wenige Ich-AGs wie hier oben. Manche der wenigen Menschen, die hier leben, wohnten einst auch in Häusern, die nun zum Hotel gehören. Sie wurden an die frische Luft gesetzt, und so erging es auch den wenigen Betreibern von Läden und Cafés. Deshalb fühlen sich nun in Heiligendamm Menschen benachteiligt und vertrieben. Vertrieben von einem Hotel und von großen schwarzen Limousinen, teuren Sonnenbrillen, Champagner.

Und obendrein ausgesperrt von einer »Personensperranlage«. So nennt die lokale *Ostseezeitung* in ihrer DDR-Sprache den Gartenzaun; »Einfriedung« sagt das Hotelmanagement dazu.

Die *Ostseezeitung* unterstütze »alle, die gegen Heiligendamm sind«, sagt die Pressesprecherin Anja Behrendt. Zwar stammt Frau Behrendt aus der Gegend und ist damit Ostdeutsche, doch hat sie in den vergangenen Jahren in München gearbeitet und ist als Sprecherin des Grandhotels quasi zur Westdeutschen mutiert. Man könnte also sagen: Der Kalte Krieg in Heiligendamm wird symbolisiert von Frau Behrendt auf der einen Seite, der *Ostseezeitung* auf der anderen. Beide jedoch haben natürlich ganze Armeen hinter respektive um sich. Frau Behrendt das komplette

Hotel. Die *Ostseezeitung* etwa den Bürgerbund, eine lokale Partei, deren Hauptanliegen der Kampf gegen das Hotel ist. Und eine Menge Einwohner. Leute, die ich auf der Straße treffe, sagen etwa Sätze wie diese: »Das Hotel ist ein Eiterherd in der DDR« (sie sagen tatsächlich noch immer DDR). Heiligendamm sei »ein Ort der Freude und Erholung« gewesen »mit einer blühenden Gesundheitsindustrie«, nun aber sei der Ort tot. Und sehr oft sagen die Leute hier: »Wir haben das Gefühl, wir stören.«

Jedenfalls stehen nun um das Hotel herum ein brusthoher Zaun, eine Schranke und niedrige Tore, die sich mit Schlüsselkarten öffnen lassen: Zugang nur für Gäste. Der Weg über die Parkanlagen des Hotels ist jedoch auch der kürzeste zwischen Bahnhof und Strand, der nun von Anwohnern und Touristen, die nicht im Grandhotel logieren, vermisst wird: Wer geht schon gern außen herum, wenn es auch schneller und direkter geht? Doch das Hotel sagt, dass die Zustände nicht zu ertragen gewesen seien. Hundertschaften seien übers Gelände des Hotels marschiert, und ich sehe vor meinem inneren Auge Großgruppen schaulustiger Rentner in Bermudas, Männer und Frauen in Ampelmännchen-T-Shirts, Bockwurst kauende Kinder. Dass die Leute vor der Frühstücksterrasse stehen geblieben wären, die Gäste fotografiert hätten, heißt es. Bekannte Gesichter oder einfach Reiche und/oder Schöne. Die Gäste seien geknipst worden wie die Affen im Zoo. Man habe sie gefragt, was ihr Champagner koste, die Leute seien »mit Bierkästen und Kofferradios« übers gestutzte Grün gewandert. Und die Probleme nähmen kein Ende. Die Pressesprecherin und der Berater des Hotels, der bei uns sitzt, sagen: »Wir haben noch immer wahnsinnig zu leiden. Wir wären wesentlich weiter, wenn wir nicht diese roten Unverbesserlichen hier hätten, diese furchtbaren Seilschaften!« Die »rote Kommune Bad Doberan«, zu der Heiligendamm verwaltungstechnisch zählt, versuche, dem Hotel Steine in den Weg zu legen, wo immer möglich. Man wolle aus Heiligendamm wieder ein Volksbad machen und sei neidisch. Dabei: Das Hotel schaffe Arbeitsplätze für Blumenhändler, Bauern und Taxifahrer, es locke Kapital an und schütze Kulturgüter, indem es Gebäude saniere. Was schon wäre in der Geschichte an großer Kunst und Kultur geschaffen worden, wäre man immer den Bedürfnissen der Masse gefolgt?

Vor zwei Jahren war das Grandhotel ausgebucht. Denn damals war hier die große Gipfelsause, die den Ort für eine Weile in den Fokus der Weltöffentlichkeit rückte, weil die G-8-Chefs hier tagten und nachts wohl auch einen hinter die Binde kippten. Davor jedoch dümpelten die Gästezahlen des Hotels tief im Keller herum, und seither tun sie wieder genau dasselbe. Ob die Gäste nun wegen proletarischer Gaffer wegbleiben, weil sie sich wie im Zoo fühlen oder weil das Luxusareal in Heiligendamm manchen auch einfach zu synthetisch ist, dieses Korkenknallenlassen im öden Umfeld nicht so viel Spaß macht oder ob vielleicht auch einfach nicht mehr so viele Menschen für ein Bett und eine Mahlzeit so viel ausgeben mögen – das ist, logisch, umstritten. Fest steht: »Das geht alles nicht zusammen«, sagt Frau Behrendt, die Pressesprecherin. Und darin ist sie sich sogar einig mit ihrem Widersacher vom Bürgerbund, Klaus-Peter Behrens.

Fest steht auch: Das Hotel in der weißen Stadt am Meer ist so gut wie pleite. Es ist kein florierendes Unternehmen, das eben schick tut und damit ein bisschen Geld in die Region pumpt. Der glücklose Hotelbetreiber, Anno August Jagdfeld aus Aachen, musste sogar das Land um Hilfe bitten, und dies hat nach einigem Hin und Her eine Bürgschaft zugesagt. Was nun wiederum dafür sorgt, dass die Wähler erst recht verärgert sind: Wenn in Finanzkrisenzeiten Geld überall fehlt, wenn ein paar Kilometer weiter in Rostock die Werften vor der Insolvenz stehen, wenn Menschen von Arbeitslosengeld I und II leben, sind Subventionen für die Reichen – und »insbesondere für diese westdeutschen Großmäuler«, wie es ein Einheimischer formuliert – eine nicht ganz einfach zu vermittelnde Sache.

Ich denke an die Inschrift in Lapislazuli und daran, dass ein schmales Abendessen gesund ist: Nach einem langen Tag im Ort genügt mir im hoteleigenen Medini's (noch nicht einmal hier in Heiligendamm also leistet man sich einen korrekten Genitiv!) eine Vorspeise, das Vitello Tonnato. Ich denke daran, wie sich die Menschen hier in Heiligendamm gegenseitig im Weg stehen. Und ich bin auch etwas abgelenkt. Denn was ich sehe, ist schon toll: Männer, denen es an jeglicher Attraktivität fehlt, nicht aber an Wappen-Schnickschnack auf Strickjacken und Socken, umgarnen eher hübsche, meist blonde und viel jüngere Frauen, die auch in der Dämmerung noch Sonnenbrillen tragen und bunte Törtchen naschen. Kellner reißen fade Witze darüber, dass sich »die Herren« für die Reste »der Damen« aufopfern sollen. Eine beleibte Frau im ultra-rosa Minikleid und mit teuren Sandalen kommt mit einem etwa dreijährigen, ebenfalls sehr runden Mädchen auf dem Arm ins Restaurant. Ihr Mann, ganz in Schwarz, trägt Badelatschen. Sie mustern das Lokal, die Frau zieht eine Schnute, die drei machen kehrt. Aus unsichtbaren Boxen plärrt, fast schäme ich mich, dass ich diese Musik erkenne, Eros Ramazotti.

Heiliges Heiligendamm! Als ich zahle, leihen sich an der Rezeption zwei Rentnerinnen mit großem Schmuck Regenschirme. Neben mir stehen: ein schwarzhaariger, jedoch komplett in weiß gekleideter Mann, der die Linke ziemlich gigolomäßig in die Hüften stemmt; ein sahneweißer Labrador an seiner Leine, eine falsche Blondine am Arm; ein adrettes Rechtsanwaltspärchen (behaupte ich mal) mit Kaschmir-Rolli und Gucci-Gepäck. Es stehen da aber auch ganz friedlich ein paar stinknormale Sachsen in Dreiviertelhosen und T-Shirt. Vielleicht haben sie geerbt, oder vielleicht muss das Grandhotel mit attraktiven Angeboten einfach neue Zielgruppen erschließen.

Einen Steinwurf von Heiligendamm will ich wenigstens kurz die Luxushotel-Version des Ostens sehen.

In Warnemünde ist alles ganz anders als in Heiligendamm. Dort sitzen braun gebrannte Mädchen im Sand, lassen sich weder von den Buden des Promenadenrummels noch vom kühlen Wind beim Sonnenbad stören. Wer nicht im Sand sitzt, sondern auf der Promenade spaziert, dem verstellen Dutzende Buden den Blick aufs Meer. Hier wirbt die *Ostseezeitung* mit Bildern von Kathi Witt. An anderen Ständen wird neben Gesundheitsprodukten Perlwein aus Sachsen angepriesen. Thüringer Würste gibt es gleich mehrfach, sodass niemand auch nur eine Minute wurstfrei sein muss, wenn er nicht will. Menschen in Allerweltskleidung mit Gesichtern, die verraten, dass sie meist traurig sind, prosten sich mit kleinen Schnapsgläschen zu und bestaunen kitschige Aquarelle, die ein Künstler aus der Region verkauft. Es gibt Bierstände und Buden mit Afrika-Kitsch. Und dahinter klettert es in den bedeckten ostdeutschen Sommerhimmel: das einstige Stasi-Hotel Neptun, neunzehn Stockwerke hoch.

Der Siebzigerjahre-Klotz ist ganz anders als das durch und durch westdeutsche Heiligendamm. Auch fünf Sterne und ähnlich teuer. Doch grüßt hier den Gast im Erdgeschoss die Broiler-Bar (Werbung: »Wir haben die wahrscheinlich besten Broiler der Welt!«). Trotz eifriger Renovierungsversuche atmet alles an diesem Hotel noch DDR, und ich vermute: Das soll so sein, das ist Absicht, das kommt an. Magdeburger Rentnerinnen mit Bernsteinketten bestellen auf vierundsechzig Metern über dem Meer Mürbteigtörtchen mit Früchten und Warnemünder Sturmsäcke, so heißen hier Windbeutel mit Eis. Einigen sieht man an: Sie fiebern darauf, dass der Tanztee beginnt. Männer, die den Eindruck vermitteln, als seien sie noch immer bei der Stasi, Männer, die »Kaufhalle« sagen und ihre Handys am Hosenbund tragen, lehnen in weißen Ledersesseln, lauschen einem Stück, das ich der Dresdner Electra-Combo zuordne. Sie ordern »Tee mit Schuss und Pfiff«. Wenn sich an lauen Sommerabenden über der Bar das Hoteldach wegschiebt, sollen sich hier oben Sachsen unterm Sternenhimmel die Füße wund tanzen. Dann genießen in Warnemünde alle die ganz große weite Welt. Dort, wo neben DDR-Politikern und vielen IM auch so wild gemischte Leute wie Fidel Castro und Schalck-Golodkowski, Dagmar Frederic, Uwe Barschel und Franz Josef Strauß Ferien machten oder berufliche Interessen verfolgten. Heute absolvieren Brandenburger und Thüringer, die es sich leisten können, ein paar Stockwerke tiefer Thalasso-Verwöhntage, Thalasso für Einsteiger, eine Thalasso-Intensiv-Kur oder auch das Programm Karibische Träume mit Handmassage »Pureness«. Fitness und Wellness, so scheint es mancherorts, ist Menschen heute wichtiger als die Freiheit des Systems: Was sie wohl wählen würden, wenn sie müssten? Das Eigenartige ist: Echt in diesem Haus wirken auf mich tatsächlich nur die Übrigbleibsel des Ostens. Der Luxus und die weite Welt jedoch nicht – derlei bleibt stecken im Versuch, bleibt schlechte Kopie.

»IN SACHEN BEUTEL HAT DIE VEREINIGUNG GEKLAPPT«

Die Modedesigner Bianca Koczan und Maximilien Brunon leben in Berlin und beobachten, was in dem Land um sie herum getragen wird. Hier verraten sie, womit man in Ostdeutschland modisch nichts falsch machen kann.

*Frau Koczan, erkennen Sie Ihre ostdeutschen Mitbürger –
vielleicht sogar ohne Kleidung, am Strand?*
Koczan: »Na ja, vielleicht schon. An der Frisur: Die Haare
der Frauen im Osten sind a. kürzer und b. bunter als die
Haare der Frauen in Westdeutschland. Vielleicht, weil das
DDR-Ideal der berufstätigen Aktivistin nicht recht zu blonden Engelslocken passte. Kurze Haare als Zeichen von
Emanzipation. Dass Frauen, je weiter man gen Osten
kommt, immer mutiger werden mit der Farbe – Dunkelrot
und Lila, Feuerrot und Schwarz –, war vielleicht zunächst
einem Nachholbedürfnis geschuldet. Nun ist's Gewohnheit oder auch so etwas wie Mode: farbigere Köpfe,
Strähnchen fallen im Badischen schon ordentlich auf, in
Sachsen oder Thüringen, da wo ich herkomme, sind sie
schon fast normal.«

*Herr Brunon, weg vom Strand, jenseits der Haare: Was
tragen die Menschen da? Gibt es eine Mode, die in Ihren
Augen typisch ist für den deutschen Osten?*
Brunon: »Als Franzose sage ich: Schlecht oder gut geklei-
det sind die Menschen in Fulda wie in Halle, oft ist der Unterschied nur marginal. Allerdings scheint der Konsens in
Ostdeutschland doch zu sein, dass man mit Kleidung – anders als mit Frisuren – eher nicht auffallen möchte. Auch
sind Männer, die 300 Euro für ein paar feine englische
Schuhe ausgeben würden, in Ostdeutschland vermutlich
eher seltener anzutreffen. In Westdeutschland gibt es sie
meiner Beobachtung nach schon vermehrt.«

*Sind Ostdeutsche also in Sachen Mode viel sparsamer als
Westdeutsche?*
Brunon: »Nein, Männer, die viel Geld in Jacken und Ho-
sen stecken, deren Bezeichnung mit dem Wort ›Outdoor‹
beginnt, gibt es in Ostdeutschland schon auch viele.

Langlebigkeit wird hier eben eher modern, funktionell und sportlich verstanden. So in Richtung Jack Wolfskin, dieser Outdoor-Marke. Eben weniger traditionell und konservativ. Ich glaube gar nicht, dass im Osten für Kleidung so viel weniger Geld ausgegeben wird als im Westen. Auch für Kameras, Autos, Flachbildschirme ist ja Geld da.«

Koczan: »Ich beobachte Leute in meiner Heimatstadt, die gehen dreimal die Woche in Geschäfte der bekannten und teuren Streetwear-Marken einkaufen. Natürlich könnten sie fürs gleiche Geld auch ein gut sitzendes und doch lässiges Couture-Kleid bekommen, mit vielleicht etwas weniger Markenimage. Aber warum sollten sie so was kaufen? Mit einem karierten Baumwollhemd und Turnschuhen ist man hierzulande doch auf der sicheren Seite. Da macht man nichts falsch. Und mit einer atmungsaktiven Jacke, die man bei Außentemperaturen von minus zwanzig bis plus fünzig Grad tragen kann, hat man einfach handfeste Argumente im Freundeskreis. Diese Idee von Wertigkeit ist für mich sehr deutsch. Und eben vielleicht vor allem ostdeutsch ...«

Was aber sollte an so einer Kleidung schlimm sein?
Koczan: »Gar nichts. Nur schade, dass das Gesamtbild ganz schön einheitlich ist und es wenig Menschen gibt, die hier ein bisschen ausbrechen, kreativer sind. Natürlich gibt es auch hier diesen alternativen Secondhand-Chic. Der ist allerdings oft gerade aus der Not des schmalen Geldbeutels geboren. Mir scheint, Individualität wird eher als Protest verstanden und weniger als ein Ausdruck von fröhlicher und geschmackvoller Extrovertiertheit. Es gibt da bei uns im Osten eher einen Willen zur Konformität.«

Wirklich?

Koczan: »Na ja, mit Ausnahmen, die auch ganz lustig sind. Ich meine beobachtet zu haben, dass vorwiegend ostdeutsche Frauen jenseits der fünfundvierzig manchmal mit Dingen herumexperimentieren, die nach Pubertät aussehen. Vielleicht weil sie sich in der DDR, als Jugendliche, modisch nicht ausprobieren konnten? Da sieht man sie dann etwa mit rosa Haarspangen und in T-Shirts mit Hello-Kitty-Figuren auf der Brust oder in Snoopy-Nachthemden. Mütter erwachsener Kinder tun plötzlich, als wären sie niedliche zwölf. Ich verurteile das nicht, aber manchmal weiß ich nicht, ob ich lachen oder weinen soll. Allerdings: Ein bisschen davon scheint es mir auch gesamtdeutsch zu geben.«

Könnte man vielleicht einfach sagen, dass Ostdeutsche weniger Kompetenz beim Konsumieren haben?

Brunon: »Ja, schon. Die Status-Codes, die im Westen lang gelernt sind, werden im Osten nicht so fließend beherrscht. Für die Menschen ist es nicht maßgeblich, wie Herrenschuhe verarbeitet sind. Sind sie wirklich rahmengenäht? Oder wurde einfach eine breite Krempe angesetzt und die Naht aufgedruckt? Mit einem »echt Leder« ist es eben im Status-Dschungel nicht getan, man muss schon Zeit und Interesse haben und eine äußere Notwendigkeit sehen, um sich da in Details zu vertiefen.

Die ursprünglich vielleicht aristokratischen Kleidungsstücke, die man als Ausdruck des neuen Wertekonservativismus zurzeit im Westen wieder öfter sieht, werden in Ostdeutschland anders gelesen.«

Zum Beispiel?

»Das, was ein klassischer Cord-Anzug, ein Etuikleid, ein Seidenschal anstelle einer Krawatte aussagen – das wird in Ostdeutschland gar nicht so ohne Weiteres verstanden.

Viele Statussymbole sind einfach nicht gelernt. Vielleicht zum Glück. Es gab in der DDR einfach keine Notwendigkeit, Status lesen zu können. Ich finde es interessant, dass die Ostdeutschen da einen Gegenentwurf liefern. Dass sie Kleidungskultur anders wahrnehmen. Sich nicht beirren lassen vom Image eines bestimmten Produkts, sondern erst einmal eigene Erfahrungen sammeln. Hier könnten die Westdeutschen profitieren: Könnten lernen, dass sich Dinge und Werte verändern, dass sich Qualitäten auch mal verschlechtern können. Und dass nicht immer das Traditionelle das Bessere ist. Ostdeutsche investieren, finde ich, nicht so blind in irgendwelche doch an sich überkommenen Statussymbole.«

Koczan: »Richtig. In der DDR gab es natürlich weniger Klassiker-Kultur. Und das wirkt nach. Ich wüsste auch nicht, wie sich das so schnell ändern sollte. Zeitschriften, die im Westen viel gelesen werden, ob nun *Brigitte* oder die *Vogue* oder die etwas avantgardistischeren Blätter wie vielleicht *Achtung!* – all so was wird in Ostdeutschland seltener konsumiert. Und Geschäfte, in denen es mehr gibt als Jeans und T-Shirts, eine etwas mutigere Mode, Kleidung, die es auch ohne große Labels schafft, etwas auszusagen – wo können Ostdeutsche so etwas kennen- und schätzen lernen? Schwierig. Diese Läden gibt es nicht.«

Was wollen die Menschen hierzulande denn mit ihrer Kleidung?
Brunon: »Ich glaube, dass sie sich vor allem nicht lächerlich machen wollen. Ich denke da besonders an ostdeutsche Männer ab einem bestimmten Alter. Die wollen es in jedem Fall vermeiden, sich für ihre Kleidung in irgendeiner Form rechtfertigen zu müssen. Sie wollen einfach nichts falsch machen, wollen auf Nummer sicher gehen.

Sportliche Kleidung, was Praktisches: So was liefert da genau die richtigen Argumente.«

Koczan: »Es geht oft auch um eine vermeintliche Aktualität. Man will aktiv aussehen und frisch. Retro passt da nicht so recht ins Bekleidungsvokabular. Und schlicht soll es sein. Hier wirkt meiner Meinung das Bauhaus nach. Allerdings nicht im besseren Sinne ... Das Zeugs ist einfach nüchtern, aber ohne jeden Schick. Ästhetik an sich zählt nicht so viel. Und das hat natürlich Konsequenzen: Wieso sollte ich mir Mühe geben mit dem Schön-Anziehen, wenn ich sowieso nicht gelobt werde, sondern nur schief angeguckt? Wieso sollte ich dann ein außergewöhnliches Kleid, ein tolles Hemd anziehen? In Sachen Mode kann selbst der geübteste Stylist auch mal danebengreifen. Das ist halt auch immer ein bisschen Mut zum Risiko. Man braucht Muße, das richtige Publikum und etwas Selbstironie.«

Es geht ja nicht immer nur um die Optik. Wie ist das mit der Qualität?
Koczan: »Da hat man in Westdeutschland natürlich mehr Erfahrung. Man weiß um Qualitäten und Preise, um die Verhältnisse. ›Qualität fürs Leben‹ – so was kann sich ja zwanzig Jahre nach der Wende erst langsam beweisen. Auch in der DDR gab es sehr hochwertige schicke Sachen, etwa in den Exquisit-Geschäften. Dort konnte man sich eigentlich darauf verlassen, dass Preis und Qualität stimmen. In diesen Läden ging es nicht darum, einen Namen zu verkaufen. Dort gab der Kunde das Geld wirklich in einem angemessenen Verhältnis zur Qualität aus. Heute ist das schon anders. Die Markenvielfalt und die Versprechen der einzelnen Hersteller – das ist ein regelrechter Dschungel, in dem man sich auch mal verlaufen kann. Ein teures T-Shirt ist schließlich nicht immer ein hochwertiges

T-Shirt. Und wieso sollte man für einen Plastikbeutel mit Logo mehr bezahlen als für eine Reisetasche aus echtem Leder?«

Alles in allem: Würden Sie den Ostdeutschen eine Modeberatung verordnen?
Brunon: »Auf keinen Fall.«
Koczan: »Ich will lieber beobachten, was passiert. Wie die Deutschen auch optisch aufeinander reagieren. Ich würde da nichts ändern und auch nicht eingreifen wollen.«

Aber Deutschland wird modisch gesehen eins?
Koczan: »Ist das denn überhaupt ein anzustrebendes Ziel? Gleichheit? Es gibt ja auch einen Ost-Klassiker, der weltweit wieder aufgelebt ist: der Stoffbeutel. Einst typisches Accessoire in der DDR und eigentlich ja gar nicht schick, bedrucken nun auch gesamtdeutsch Supermärkte und vor allem internationale Modefirmen Stoffbeutel mit ihren Logos oder Musterentwürfen. In Sachen Beutel hat die Vereinigung gut geklappt.«

Maximilien Brunon aus Paris und seine Kollegin und Partnerin Bianca Koczan, gebürtig aus Erfurt, leben in Berlin – beide sind Modedesigner und mit einer eigenen Marke als solche erfolgreich.

188

31

Prora auf Rügen: Ein Museum
für Herrn Müllers Nationale Volksarmee

Etwas abseits der Küste weht der Wind warm. Neben einer Abraumhalde steht ein sanierter Plattenbauriegel und wirbt auf seiner Schmalseite um Mieter: »Zeit für Veränderung« steht da auf einem großen Plakat. Es riecht nach frisch gemähtem Gras, nach dem Stroh des Weizens, es duftet nach Kindersommer. Gut zwei Stunden fahre ich über Bundesstraßen und die A20, dann bin ich auf Rügen. Auf der Insel steht Prora – jenes knapp fünf Kilometer lange Gebäudemonster, das Hitler zur Volkserholung bauen ließ, das jedoch niemals fertig wurde. Doch gibt es in Block drei, Trakt drei ein Museum. Baulich eine Mischung aus der Prora-Nazi-Architektur und daran angepapptem DDR-Plattenbau, unsaniert und vor allem samt Originalgeruch erhalten, erfüllen auch die Ausstellungsstücke dieses Museums die Erwartungen, die das Gebäude weckt. Dieses Haus versetzt einen in zwei untergegangene Welten gleichzeitig, ins Dritte Reich und in die DDR: ein Zusammenspiel, bei dem die DDR den Ton angibt.

Grell bunt, als ginge es darum, für eine Peepshow Kunden zu locken, weisen schon von Weitem Schilder über Schilder auf diese Einrichtung hin. Und dieser billige, jedes Vertrauen in historische, wissenschaftliche oder überhaupt irgendwelche Kompetenz verhindernde Schilderwald allein wäre eigentlich Grund genug, sofort kehrtzumachen und die ganze Insel zu verlassen. Wirbt so ein Museum? Nein. Direkt vor Ort wird es noch schlimmer. Vom Parkplatz aus werde ich alle paar Meter darauf hingewiesen, wie viele Schritte es bis zu dieser einzigartigen Institution noch seien. Superlativ über Superlativ – einfache Adjektive tun's hier nicht – werden zur Vorbereitung auf die Schau in die Hirne der Besucher gestopft. Dann stehe ich im Museum, genau genommen: inmitten einer mit grünen Teppichfliesen ausgelegten Museumsfamilie.

In dem braunen Megabau direkt an der Ostsee gibt es: das NS-Kraft-durch-Freude-Museum, die Technik-Sonderausstellung, das NVA-in-Prora-Museum 1, das NVA-in-Prora-Museum 2, diverse Rügen-Sonderausstellungen, Original-NVA-Urlauber-Zimmer, eine Mehrbahnen-Schießanlage, eine Computer-Panzer-Schieß-Simulatoranlage. Und das ist noch lange nicht alles. Im Flur eine Lenin-Büste mit dem Zitat »eine Revolution ist nur dann etwas wert, wenn sie sich zu verteidigen versteht« und Tafeln, die mit Originalbildern die »Wachvorbereitung« abbilden. Erklärungen? Hier und da ein sich distanzierender Text? Fehlanzeige. Stattdessen darf man den Fahneneid der Nationalen Volksarmee nachbeten, der zwischen zwei Plastikpflanzen in Blumenampeln auf der Blümchentapete hängt, und wenn man müde ist, Platz nehmen auf einer Couchgarnitur, die vermutlich einst beim Museumschef zu Hause stand: Gelsenkirchner Barock in braunem Samt, floral gemustert. Dort kann man dann in Stapeln von Gästebüchern schmökern. Die meisten Einträge stammen, so klingt es, von schwer begeisterten NVA-Veteranen und anderen Ostbürgern. Einer jedoch beschwert sich über die kuschelige Darstellung der Armee, in der er die schlimmste Zeit seines Lebens verbracht habe. »Weichei« hat einer darübergekritzelt.

Gleich mehrere Lokale toppen das Museumsobergeschoss: Panoramasaal Silberreiher, Wiener Kaffeehaus, Grinzinger Weinlaube. Unter der Decke entlang reihen sich Fotoabbildungen von Tellergerichten. Neonröhren, Plastikstühle und die Deutschlandflagge an der Wand. Immerhin, und das muss man dem Rügen-Museum zugute halten, eine ohne das Emblem der DDR. Laute Radiowerbung und Gestank nach altem Pommesfett gibt es auf der ganzen Etage. »Nee,

die ham im Westen auch nüscht Besseres« ist ein Ge-
sprächsfetzen, den ich im Gehen aufschnappe. Der Mann
würde mir vermutlich aus dem Stegreif einen Vortrag über
die Vorzüge des Sozialismus halten, wenn ich ihn darum
bäte.

Dicht und bunt und manisch laut und wie auf dem Robo-
tron-PC des angekoksten Museumsgründers Hans Müller
getippt, kleben an allen Wänden Texttafeln, die vor Fehlern
nur so strotzen, und auf denen vor allem eines mitklingt:
viel Sympathie und Leidenschaft für NVA, SED, DDR. Das ist
kein Wunder, denn Hans Müller war General dieser Armee,
sein NVA-Museum, wie mehrfach betont wird, hat er »heiß
geliebt«. Den Mann, der trotz seiner DDR-Herkunft auf Bildern aussieht wie ein Bruder des Nordkorea-Führers Kim
Jong-il (ich vermute: es ist derselbe ostige Anzug), schützt
einzig, dass er nicht mehr lebt. Überall im Haus erfährt man,
wann Hans Müller der Armee beigetreten ist (02.11.1951),
wann er die Offiziersschule besucht (Erfurt, 1952 bis 1954)
und wo er gedient hat (Potsdam-Eiche, Prora, Gotha, wieder
Prora). Und, wichtig: »Hans Müller war 21 Fernsehteams ein
begehrter, sachkundiger Interviewpartner.«

»Wir sind stolz! Betr. Rügen-Museum Teil 2 (Oberetage).
Uns wurde von Historikern und Heraldikern das Privileg
zuerkannt: Kulturgeschichtlich für den Rügen-Tourismus
besonders wertvoll!« Das verkündet eine weitere große Tafel
in Orange, die Schrift mit Schattenwurf ausgedruckt und
doppelt unterstrichen. Das Sich-selbst-auf-die-Schulter-
Klopfen dieses Museums ist so omnipräsent und wahnwit-
zig, dass einem vor lauter Fremdschämen bald die Ohren
brennen. »20 Fernsehteams drehten schon bei uns« – und
etwas fetter darunter – »weil wir interessant sind: einmalig – original – neutral – historisch ...« Man könnte dies ab-
haken als die Leistungsschau eines einsamen Irren. Aber:
Die Leute wollen dies sehen. Mehr als 1,2 Millionen Besucher sind angeblich per Januar 2009 hier gezählt worden.
Und ich sehe nicht einen, der schreit, weil er sein Eintritts-

geld zurückhaben will – was eigentlich die einzig richtige Reaktion wäre. Stattdessen plappert auch die Homepage der Insel Rügen die dümmlichen Lobhudeleien nach: »Das Museum ist original, einmalig, neutral, informativ. Es glorifiziert nicht, es stellt nicht negativ dar.«

Vor dem Ausgang steht eine Holzwand mit der mannshohen Abbildung eines NVA-Soldaten. Wo sein Gesicht sein müsste, ist ein Loch – man kann also sein eigenes hineinhalten und so tun, als sei man NVA-Soldat. Reihenweise knipsen Touristen einander für den »Prora-Fotogruß«, sie lachen und finden es toll. Bevor sie sich ablichten lässt, wirft eine Frau ohne Umstände ihre verrotzten Papiertaschentücher ins Gras.

In Binz tanzen die Köpfe von Badenden zwischen Bojen in den Wellen, und manchmal weiß man nicht, was was ist. Ich möchte ein Fischbrötchen essen, doch statt Scholle, Aal oder Hering wird hier – was auch sonst? – thailändischer Pangasius in die Pfanne gehauen. Erst auf meine wiederholte Frage hin, was das denn sei, gibt es die Fischfrau zu. Sie, scheint mir, findet das auch nicht gut, hat aber nichts im Angebot, was mal in der See schwamm, auf die sie doch schaut. Der laut Tafel selbst gemachte Kartoffelsalat ist absolut geruchsneutral und schmeckt auch so. Ich unterstelle ihm Verdickungsmittel und Konservierungsstoffe, das Attribut »selbst gemacht« nehme ich ihm nicht ab. Als ich in meiner Ferienwohnung nahe Kap Arkona im Nordwesten der Insel und damit am nördlichsten Zipfel Deutschlands aufschlage, wundere ich mich nicht mehr, dass mir die Verwalterin komisch kommt. Ich frage sie freundlich, ob sie denn auch selbst hier lebe, an diesem schönen Fleckchen mit Blick übers Meer, da fährt sie mich an: »Nein, den haben nur Sie! Ich sehe die Ostsee nur, wenn ich mich aus dem Fenster lehne.« Es könnte ein komischer Witz sein, sagte sie dies nicht so ernst, mit einem Unterton, der von tiefer Gekränktheit kündet. Doch Tatsache ist: Die Frau

wohnt in jenem Seitentrakt des idyllisch und einsam gele-
genen Dreiseitenhofes, der in rechtem Winkel zu den Klip-
pen steht – ein also wirklich hartes Schicksal. Als mir die
Mittvierzigerin, auf deren blauer T-Shirt-Brust ein Hase mit
blauer Brille sitzt, dann noch berichtet, dass sie und ihre
Kollegin am Wochenende gleich vier Wohnungswechsel zu
bewerkstelligen hätten – das sei »echt Stress pur«, sagt sie
vorwurfsvoll –, nicke ich nur halbherzig. Ich mache mich
eilig davon. In der mager ausgestatteten Miniküche brate
ich mir ein Ei und rätsele mit Blick auf die See: Was ist auf
dieser schönen Insel nur los?

32

Süderholz:
Unkraut gedeiht gut

»Kaffee? Aber wir trinken ihn ostdeutsch: mit Satz«, ruft Olaf Schnelle und läuft schon zur Küche. Bei voll aufgedrehter Klimaanlage habe ich Kurs auf Berlin genommen, jedoch bei den Essbaren Landschaften in Süderholz Pause gemacht. Hierher wollte ich schon seit Jahren: eine Gärtnerei, die sich auf Unkraut spezialisiert, das fand ich gut. Das große mit Rosen bewachsene alte Gutshaus steht in einem winzigen Dorf, eben Süderholz. Auf dem mit Katzenköpfen gepflasterten Vorplatz rascheln Linden und Rotbuchen im warmen Wind, und im Foyer hängen Urkunden des *Feinschmeckers* und andere Auszeichnungen. Ein Ort, so untypisch liebevoll für diese Gegend, dass es keine Hinweisschilder braucht – wie ferngesteuert habe ich hier hergefunden. Wir sitzen auf alten Gartenstühlen vor dem Haus, im Schatten einer Buche.

In den Essbaren Landschaften wird von den acht Mitarbeitern vor allem das angebaut, was erst ein Arme-Leute-Essen war, dann fast ausgerottet wurde: Sauerklee und Giersch, Wiesenkerbel, Vogelmiere, Melde und Franzosenkraut. Auch verschiedene Thymian- und Baldriansorten werden auf Feldern um das Gutshaus herum kultiviert und – zusammen etwa mit Taglilien, Dahlien und Bronzefenchel, dessen dunkle Blüten ein warmes Anis-Aroma zu Fisch und Geflügel abgeben – an Gourmetrestaurants verkauft. Olaf Schnelle, mit dem ich verabredet bin, ist Gartenbauingenieur und einer der beiden Besitzer. Der andere ist Ralf Hiener aus dem Schwarzwald, er ist von Haus aus Koch.

In den ersten Jahren haben die beiden versucht, auch hier vor Ort ihre Erzeugnisse zu verkaufen. Doch ein Hofladen, eine Kneipe, ein Restaurant: »Da kommt einfach keiner, das geht hier nicht«, sagt Schnelle. »McDonald's schafft es, die Leute zu bewegen, nicht wir.« Als das Schnellrestaurant nämlich vor einigen Jahren an der Autobahnauffahrt Grimmen eine neue Filiale eröffnet habe, fünf Kilometer außerhalb des Ortes, seien die Menschen dorthin spaziert und geradelt. »Leute, die man ewig nicht mehr gesehen hatte, haben den Fernseher ausgemacht, kamen aus ihren Häusern heraus. Das war Wahnsinn«, sagt Schnelle, »auf eine Art richtig schön.«

Dem Nordosten, als karger und ursprünglich protestantischer Landstrich noch nie besonders genussorientiert, hat die DDR den Rest gegeben. In Sachen Essen ist's hier traurig bis grauenhaft. »Salz, Pfeffer, Petersilie: raffinierter wird hier nicht gekocht«, sagt auch Olaf Schnelle. Ein Freund habe ein Gourmetrestaurant in Heringsdorf. Und parallel dazu eine Knackerbude. »Die Bockwürste finanzieren sein Lokal, das Kochen ist Hobby.« Vom »Morbus Bockwurst« reden sie drum schon hier. Die Alltagsküche, sagt Olaf Schnelle und verdreht die Augen, sei in dieser Gegend »schlicht eine Katastrophe. Von dem in Westdeutschland Üblichen meilenweit entfernt. Genießen ist hier für viele etwas ganz Böses.«

Blumen und Basilikum, Himbeeren, Salatköpfe und Karotten: Was anderswo landauf, landab zu dieser Jahreszeit wächst wie verrückt, sieht man im Norden des Ostens deshalb besonders selten. Nachdem es nach 1989 Erbsen und Karotten in der Dose gab, billig und überall, brauchte sich niemand mehr die Mühe zu machen. Damals säten die Menschen in ihren Gemüsegärten Rasen oder verlegten Betonplatten, sie aßen fortan lieber Konserven. Die Essbaren Landschaften sind dennoch hier, denn das Land ist billig, die Landschaft weit und schön, und die Löhne sind für das junge Unternehmen bezahlbar. Schließlich gibt es

Kühlspeditionen: Der Erfurter Schnelle und der Schwarz-
wälder Hiener verschicken ihre Produkte an gute Restaurants und an ambitionierte Privatleute »fast alle drüben im
Westen«.

»WIRTSCHAFTLICH BLÖDSINN«

**Ann Röhrich kämpft gegen schlechtes Essen: Seit sie-
ben Jahren betreibt sie in Warnemünde ein Gourmetrestaurant, in dem man sich nicht wie auf der Hochzeit
einer drögen Cousine fühlt. Finanziell jedoch, sagt die
42-Jährige, sei ein solches Lokal im Osten Quatsch.**

Was gibt's heute, Frau Röhrich?
»Heute Abend ein Sauté von Kabeljaubäckchen mit Ok-
topus, gebratener Blutwurst in Zitronen-Apfelsud. Also
etwas Frisches, Säuerliches, Sommerliches – und die Blutwurst erdet alles, bringt es wieder runter. Dieses Gericht
wird der Renner! Dazu empfehle ich einen Grauburgun-
der Spätlese trocken vom Weingut Pawis im Saale-Unstrut-
Gebiet.«

Das machen die Leute mit?
»Ja, sie reagieren total gut. Aber natürlich war es eine Um-
gewöhnung, unser Küchenchef kocht sehr gerade, sehr
klar, er benutzt viele lokale Produkte – aber wenig Butter
und Sahne. Marcel Görke ist ein Koch, der nicht durchein-
anderkocht und nicht zu gefällig, sondern sehr kreativ.
Daran mussten sich die Gäste erst einmal gewöhnen.«

Was haben Sie früher gegessen, zu DDR-Zeiten?
»Ach, da gab's auch bei mir Koteletts und Mischgemüse
aus der Dose. Salzkartoffeln dazu, fertig. Zur Wende wuss-

te ich etwa nicht, was ein Carpaccio ist, viele Produkte und Zubereitungsarten kannte ich nicht.«

Sind wir denn heute in Deutschland kulinarisch eins?
»Kommt darauf an, auf welcher Ebene. Es gibt im Osten heute die gleichen Produkte wie im Westen. Nicht so viele Bio-Läden, aber ansonsten gibt es hier natürlich die gleichen Sachen – da hat sich für uns viel verändert.«

Was macht denn in Sachen Essen den Unterschied zwischen Ost und West?
»Die Menschen hier sind nicht bereit, die Preise zu zahlen, die wir, die wir uns mit dem Essen viel Mühe machen, eigentlich nehmen müssen. Das können sie nicht. Und viele wollen auch nicht – ich glaube, in Ostdeutschland müssen wir erst lernen, gutes Essen zu schätzen. Und wir müssen Erfahrungen sammeln: Was gibt es alles außer einer Putenbrust aus dem Real-Markt, außer ›Asia Döner‹, außer Würzfleisch, Schweine- oder Jägerschnitzel – was hier im Osten etwas anderes ist als im Westen, nämlich gebratene Jagdwurst in Tomatensoße, meist mit zusammengepappten Nudeln ...«

Ist das nicht auch im Westen ganz ähnlich, auch wenn man da vielleicht statt Würzfleisch und Jägerschnitzel-Ost Fleischkäse isst?
»Auch im Westen sind die meisten Menschen eher bereit, Geld für Benzin auszugeben als für ein gutes Olivenöl. Aber es gibt dort schon mehr Leute, die anders denken. Denen es wichtig ist, was sie essen – weil das Essen schließlich etwas Elementares ist.«

33

Demmin an der Peene:
Hoffnung zwischen Zapfsäulen

Etwas südlich von Süderholz bleibt mein Zeigefinger auf der Karte am Namen einer Kleinstadt hängen, die am Fluss Peene liegt und auf meinem Weg: Demmin. Die Arbeitslosenquote in dieser Ecke des Landes liegt offiziell bei gut einundzwanzig Prozent, in Wirklichkeit dürfte hier sogar jeder zweite arbeitslos sein.

Einzig die Schwalben scheinen fröhlich; an den Brutkästen unter den Dachvorsprüngen herrscht ein Leben wie auf dem Mailänder Hauptbahnhof. Im Sekundentakt stoßen die Alten sich von den Nestern ab, in denen sie ihren Jungen das Maul stopfen. Und auch die Tankstellen sind solche Ausnahmen, Orte mit ein bisschen Leben inmitten einer Gegend, die wirkt wie die Quarantänestation eines Altenheims. Hier verbringen Jugendliche ihr Zuviel an Freizeit zwischen Zapfsäulen. Es scheint, als hofften sie, hier das tanken zu können, was ihrem traurigen Dasein fehlt. Hier suggerieren die an- und abfahrenden Autos, dass sich was tut, dass man teilnimmt am Leben. Hier gibt es Bier, Musik, die aus den Autos dröhnt, Benzin. Die Tankstellen sind für diese Kinder Inseln des Lebens und beweisen damit nur eines: Dass alles andere noch trostloser ist. Dass sich mit dieser Stadt sonst nichts anfangen lässt.

Baumlose Straßen, umsäumt von Restposten-Shops und Läden, die es schon nicht mehr wirklich gibt, das ist Demmin: »Ausverkauf«, »Geschäftsaufgabe« informieren leuchtend gelbe Banderolen, diagonal über Fenster geklebt. In einem Schaufenster hängen nur noch ein paar dieser Klebebandspiralen, an denen Wespen neben toten Artgenossen zappeln. Nach der Wende billig rausgeputzt und eingerichtet, scheint vieles schon jetzt wieder sanierungsbedürftig, baufällig fast. Demmin wirkt sehr arm, grau und langweilig bis zur Blutleere, doch der Grund dafür, dass ich mich dort gar nicht länger aufhalten will, ist ein anderer. Es ist die Geschichte der Stadt, die mir vor Jahren erzählt wurde, und die ich nicht vergessen kann.

Der Apotheker der Stadt, ein strammer Nazi, hatte 1945 die Generäle der hier liegenden russischen Armeeeinheiten mit vergiftetem Wein ermordet, weil sein Sohn in Russland gefallen war. Nach dem Tod der Generäle wurde Demmin wie einst im Mittelalter zur Brandschatzung freigegeben. Es kam auch zu Massenvergewaltigungen und in deren Folge zu einer Panik, in der Eltern ihre Kinder ertränkten und sich selbst das Leben nahmen. Über 900 Demminer, vor allem Frauen und Kinder, starben in jenem Mai 1945. Während der DDR-Jahrzehnte wurden die Toten, die man in einem Massengrab beigesetzt hatte, verschwiegen. Der wohl größte Massenselbstmord der deutschen Geschichte blieb – aus Rücksicht auf den großen Bruder Sowjetunion – ein Tabu. Auch Eltern, denen es nach der Tötung ihrer Kinder nicht gelang, sich selbst das Leben zu nehmen, mussten zu DDR-Zeiten schweigen. Ihre Taten wurden erst nach der Wende neu aufgerollt. Demmin ist also eine Stadt, um die ich mich etwas herummogeln werde. Zur Kreisstadt gehört jedoch auch ein See, der Kummerower See. Dort will ich die Nacht verbringen und nehme die Ausfallstraße.

Ich bin lang unterwegs gewesen, ich sehne mich nach Abkühlung. Ich will noch unbedingt baden gehen im schönen See. Obgleich es schon fast acht Uhr abends ist, zeigt das Thermometer 25 Grad. Von der Hafenmole aus springe ich, Kopf voran, ins Wasser, neben ein paar halbwüchsigen Jungs und Mädchen, die hier toben, und einigen Männern vom Dorf, die am Imbiss hocken, ihr Bier trinken. Am Strand vor ihrer Bude zu baden hatte mir die Imbissbudenbesitzerin untersagt. »Nö, das is privat.« Vermutlich wäre ich selbst am FKK-Strand als eine aus dem Westen erkennbar.

Ein Sommerabend am See! Ich würde im Dorf gern die Nacht verbringen, doch der hübsch gelegene Ort ist eine Servicewüste. »In Kummerow gibt es nur FeWos, also Ferienwohnungen«, sagt die Frau am Hafen und zapft ein weiteres Bier, »und das geht natürlich nicht für eine Nacht.« Nichts zu machen? »Nee, is schlecht.«

Die Seeperle, einziges und reich ausgeschildertes Hotel in Sommerdorf, dem nächsten Ort, scheint dafür perfekt: in Alleinlage direkt am See. Mein Wagen rollt über Schotterkies den Hang hinab auf den Parkplatz. Ich umrunde das Gebäude zwei Mal, bis ich mir sicher bin: keiner da. Ich kann nicht glauben, dass es niemanden gibt, der dieses Haus in dieser Lage nutzt, hier nichts draus machen mag, nicht einmal jetzt, im Hochsommer. Doch ein Radler, der den Uferweg entlangkommt, winkt ab: »Das gibt's längst nicht mehr!«, ruft er.

Der See liegt still, im Hintergrund die Hügel der Mecklenburgischen Schweiz. Ein Angler sitzt im Kies. Fischerboote liegen auf der rosa schimmernden Fläche, ein Vogelschwarm rast über sie hinweg. Das Gras glänzt silbern in der Sonne, und direkt am See weidet friedlich ein Schaf, von Schmetterlingen umgondelt.

Ich fahre durch hoch stehende Felder, vorbei an Mähdreschern, die auch jetzt, am Abend noch, staubige Wolken im Schlepptau haben, vorbei an Lauben aus Gartenmarkt-Prospekten, abrissreifen Hallen, rostigen Eisenträgern und den Ruinen einer ehemaligen LPG. Ich frage eine junge Frau, an der Hand ein kleines Kind, nach einem anderen Hotel, sie aber zieht nur eine Schnute und sagt: »Kann ich nichts zu sagen.« Eine andere Antwort wäre wohl auch ein Wunder gewesen, sie wendet sich ab. Ich versuche mein Glück im nächsten Dorf, ich versuche es im übernächsten.

Das Erholungs-Center-Hotel Gravelotte schließlich hat geöffnet. Begrüßt werde ich von einer Reihe Programmankündigungen, Werbe- und Warnschildern: »Keine öffentliche Toilette«, »orientalische Musik und warmer Wüstensand«. Hier bleibe ich für die Nacht.

34

Wandlitz:
Ein Ort, der nach Einheit schmeckt

Ich bin fast zurück, bin fast in Ausgangsposition, in Berlin. Seehausen liegt am Weg, und in dem vergessenen Dorf gibt es ein Restaurant, in dem man gefahrlos essen kann. Die Wirte kamen Mitte der Neunzigerjahre aus dem Bayerischen Wald. Ich löffele eine gute Rinderbrühe, bröckele das Brot auf den Rand meines Suppentellers. Um mich herum Bauernmöbel. Rustikal, aber doch viel besser als all das Plastik der letzten Monate. Eine kleine Runde schwimme ich durch den Oberuckersee, wo Fische an meinen Zehen knabbern, es kitzelt.

Ich denke darüber nach, ob all meine Kritik vielleicht ungerecht ist. Ob ich zu empfindlich reagiere, zu wenig tolerant. Ob ich schlechtrede, miesmache – ich, die ich enttäuscht wurde als jene, die einst schwer verliebt in den Osten zog. Ist das, was ich auf Schritt und Tritt als einfalls- und hoffnungslos wahrnehme, vielleicht gar nicht ostdeutsch, sondern einfach nur sehr deutsch? Deutsch auf eine etwas weniger privilegierte Art und Weise? Eben nicht Sylt und München, Hamburg und Düsseldorf, sondern wie das ganz normale Kleine-Leute-Deutschland, wie das meiste in Kaiserslautern, Bad Segeberg, Castrop-Rauxel oder in Singen am Hohentwiel? Bin ich Klischees aufgesessen und ist mir in diesem Sommer, nachdem ich den Westen länger schon nur noch von Besuchen kenne, jetzt schlicht der Blick verrutscht? Habe ich die Lieb- und Geschmacklosigkeiten drüben, im Westen, nur verdrängt?

Nein. Westdeutschland hat ordentlich dröge Ecken, und an wirklich den meisten Orten will ich nicht sein. Doch gibt es dort überall auch das andere, das, was im Osten so fehlt: Humor und Anspruch etwa und eine Qualität, die etwas selbstverständlicher ist. In Ostdeutschland existieren ein paar aufgemöbelte touristische Ecken. Es gibt hie und da etwas Wirtschaft, etwas Kultur. Doch fast immer wird dies von außen (dem Westen, dem Ausland) beatmet, nicht wirklich getragen. Ansonsten ist: nichts. Anders als im Westen fehlt der Ausgleich, und es fehlt die Perspektive, dass es aufwärts geht. Es fehlt an Mut, an Kreativität, an Bildung, an Hoffnung. »An originellen Menschen«, sagte mir einer. Wer weiß. Natürlich fehlt es an Geld. Das Land ernährt die, die hier leben, nicht mehr – so darben die einen, und die anderen gehen fort. Manche Orte werden vermutlich bald nicht mehr sein. Irgendwann führt Schrumpfen schließlich zum Verschwinden. Bald wird nicht mehr jedes Städtchen eine medizinische Versorgung haben, ein Gymnasium, Geschäfte für dies und für das. Die Infrastruktur, jetzt noch wie ein löchriges Netz übers Land gebreitet, wird sich konzentrieren auf wenige Orte. Die anderen, die überflüssigen, die leeren Städte und Dörfer bekommt die Natur zurück. Oder sie werden besiedelt von Leuten mit neuen Ideen. Von Menschen, die den »Luxus der Leere«, wie der Architekturkritiker Wolfgang Kil es einst formulierte, zu schätzen wissen. Dann dreht sich die Welt eine neue Runde, vielleicht.

Am schlimmsten jedoch ist vielleicht, dass das, was nicht klappt, was trostlos ist, kaum thematisiert werden darf. Denn das Tabu bringt niemanden weiter. Menschen, die man in Watte packt wie kleine Kinder, nimmt man nicht ernst. Aber »jede noch so leise Kritik an der DDR und an Ostdeutschland sorgt derzeit für heftigen Widerspruch«, sagt selbst Jochen Wolff, aus dem Westen stammender Chefredakteur der *SUPERillu*; einer, der es wissen muss. Kritik souverän und lässig zu nehmen, vielleicht auch als Ansporn, fällt hier besonders schwer. Sofort schnappt das Land ein, spielt beleidigte Leberwurst, schiebt die Schuld auf den Westen – und erinnert sich daran, wie schön es doch war. Damals, in der DDR. Die Vergangenheit ist das, was das Land im Innersten zusammenhält. Noch zwanzig Jahre später.

Ich habe mich abgetrocknet, angezogen, sitze im Auto. Noch immer hänge ich Gedanken nach, als ich eine neue Grenze passiere. Die eines Ortes, an dem es nach Einheit schmeckt. Mehr als anderswo, so will es mir scheinen. Ausgerechnet dort, wo ich es überhaupt nicht erwartet hätte. Ich bin in Wandlitz, im Berliner Nordosten. In einem Teil von Wandlitz, in der Waldsiedlung, war einst viel mehr DDR als überall. In dem rund zwei Quadratkilometer großen Viertel wohnte, gut abgeschirmt, die Politbüro-Prominenz der DDR: Honecker, Mielke, Mittag, Tisch, Sindermann und Konsorten. »Volvograd« sagten die DDR-Bürger auch zu dem Ort, der heute postalisch zu Bernau zählt, obgleich er bei Wandlitz liegt. Wegen der schwedischen Autos, in denen die Funktionäre nach Berlin gefahren wurden.

Die Waldsiedlung ist ein Besuchermagnet, »eine Art Obersalzberg des Ostens«, sagt man auch im Wandlitzer Rathaus. Heute wird das Gelände zwar von einer Klinik benutzt. Aber die Bewacher von damals, die Köche, Fahrer, Haushälterinnen der SED-Chefs, wohnen noch hier. »Kein Interesse!«, sagen die, die ich auf der Straße anspreche, die ich nach der Vergangenheit fragen will, oder sie drehen sich wortlos weg, wie ich es so oft erlebt habe in diesem Sommer. Es sind Menschen, deren beste Jahre diejenigen vor 1989 waren. An der Rezeption der großen Klinik liegen Pläne aus, auf denen man sehen kann, wer wo wohnte: Honecker etwa in Haus 11, heute der »Schwesternstützpunkt Psychosomatik«. Es gibt ein paar kleine Lebensmittelläden, Imbissstuben, Möbel Wolf. In Letzterem werden den Wandlitzern Polstergruppen verkauft, »mehr so die ziemlich konservative Schiene«, sagt die Verkäuferin.

Der eigentliche Ort Wandlitz jedoch, der jenseits der einstigen Politbüro-Siedlung, ist zur bevorzugten Wohngegend geworden. Dieses Wandlitz hat eine niedrige Arbeitslosenquote, die Leute verdienen ihr Geld in Berlin oder in Ortschaften entlang der B109: in der Dachziegelfabrik, bei dem Hersteller von medizinischen Geräten, dem großen Internetversandhändler. Hinaus nach Wandlitz ziehen Leute, wenn es ihnen in Berlin zu anstrengend wird. Menschen, die ihre Kinder im Grünen sehen wollen. Viele aus dem Westen, der Name scheint sie nicht zu schrecken. Wandlitz ist nicht geschrumpft, wie fast alle Kommunen sonst: Wandlitz ist seit der Wende ums Doppelte angewachsen. Klar bekäme Die Linke schon ein paar Stimmen, sagt Bürgermeister Udo Tiepelmann, als ich in seinem Büro sitze und in einer Kaffeetasse rühre. Doch wichtiger sei: Die DVU am anderen Ende der Skala »ist gar nicht erst angetreten«. Und wie ein Ausrufezeichen klingt in diesem Moment das Handy – statt eines Klingeltons hört man Horst Schlämmer alias Hape Kerkeling.

Das mit Kokosfaserteppichen ausgelegte Rathaus gegenüber einer kleinen Surf-Station sieht aus wie eine Villa Kunterbunt. Rosa Türen, hellblaue Fenster, dänische Besucherstühle. Viel ist aus Buchenholz. Hinrich Baller, ein international bekannter Architekt, der lang und mitunter auch nah an der Grenze zum Kitsch gegen »das steinerne Berlin« anbaute, hat es entworfen. Tiepelmann arbeite gern hier, sagt er. Der Mittfünfziger, einst als Aufbauhelfer aus dem westfälischen Hamm gekommen, mag seinen Job, »es geht alles ziemlich gut«. Auch die Pro-Kopf-Verschuldung von rund 420 Euro je Wandlitzer könne er »ganz gut verkraften«. Mit dem Kollegen aus der westdeutschen Partnerstadt Gladbeck »möchte ich da lieber nicht tauschen«, sagt er. Und wenn er sich doch was wünschen dürfte?

Dann, so Tiepelmann, dieses: Dass er die Privatisierung des Wandlitzsees rückgängig machen könnte. Überall in Ostdeutschland wurden Seen von den Kommunen ganz oder teilweise verkauft und von den Eigentümern gesperrt. Teils wurde den Investoren jeder Wunsch erfüllt. Werbellinsee, Madlitzer See, Schwielowsee – »Zugang gesperrt«, heißt es an vielen Ufern, die bis vor wenigen Jahren weitgehend unverbaut waren. Eine verpasste Chance, auch hier am Wandlitzsee. Für 450 000 Euro hat vor einigen Jahren ein Rechtsanwalt aus Düsseldorf den Zuschlag bekommen, ihm gehört nun das Wasser, auf das der Bürgermeister blickt. Und der Anwalt kassiert: fürs Strandbad, für Stege, für Verlandungsflächen, für alles. »Das Geld hat der Düsseldorfer doch schon längst wieder drin«, vermutet Udo Tiepelmann und verzieht den Mund zu einem traurigen Grinsen.

Wandlitz also, einst Inbegriff des DDR-Regimes, ist ein alles in allem recht properer Ort. Und hat einen Bürgermeister aus Westfalen, der nicht ohne Groll gen Westen blickt. Er jedenfalls sei im Osten längst angekommen, sagt der freundliche SPD-Mann. »So wie doch auch die Wende.« Und dann macht er eine Pause, sieht mich an und lächelt skeptisch. »Oder?«

Als ich ins Auto steige, Herrn Tiepelmanns Fragezeichen noch im Ohr, übersehe ich eine Wespe, die mir in den Ärmel krabbelt. Beim Ausparken lege ich den Rückwärtsgang ein – und schreie auf. Mit einem dicken Arm komme ich in die Hauptstadt zurück.

Die Sonne sinkt, das Licht ist honiggelb. Am Himmel über Berlin kreuzen sich die Streifen der Flugzeuge, in Tegel und in Schönefeld gestartet. Ich stelle mir die Menschen vor, die darin sitzen. Ostdeutsche, Westdeutsche, gemeinsam auf dem Weg Richtung Süden. Von oben schauen sie auf ein Land, das hübsch aussieht: Wiesen und Wälder, Flüsse und Seen, riesige Felder fassen die Großstadt ein. Vielleicht rücken die Deutschen, fern von ihrem schon spielzeugkleinen Land, ein bisschen mehr zusammen. Werden sich ähnlicher in der Fremde. Vielleicht auch nicht. Wir werden sehen.

Bildnachweis

Dank

Allein geht nichts: Vielen Dank allen Gesprächspartnerinnen und -partnern, allen, die mit Tipps und Informationen halfen. Danke jedoch auch dem Berliner Gestalter Michael Paul für Bilder sowie Sigrid Bubolz-Friesenhahn und der Agentur für Autoren für ihre freundliche Betreuung.

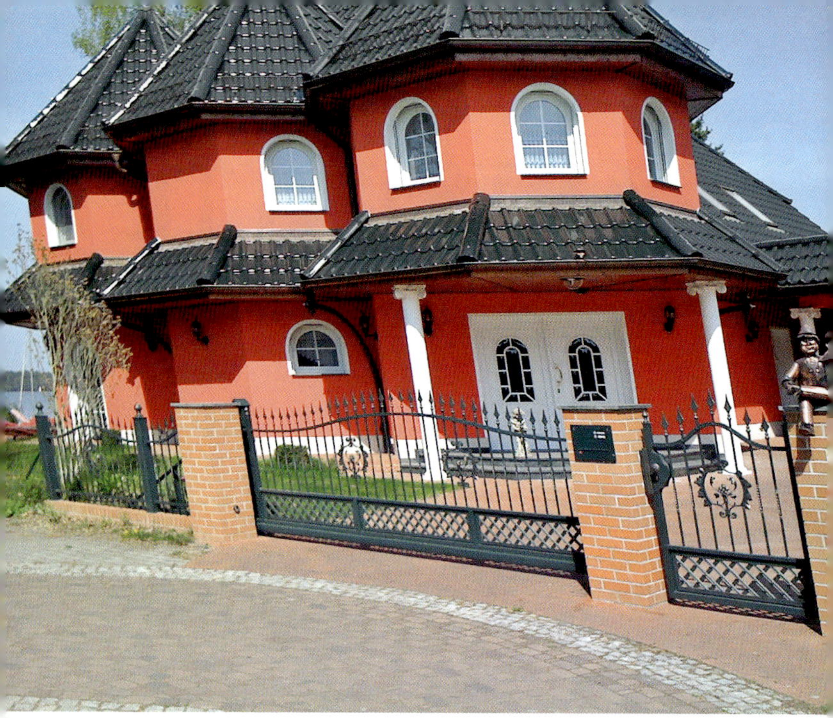

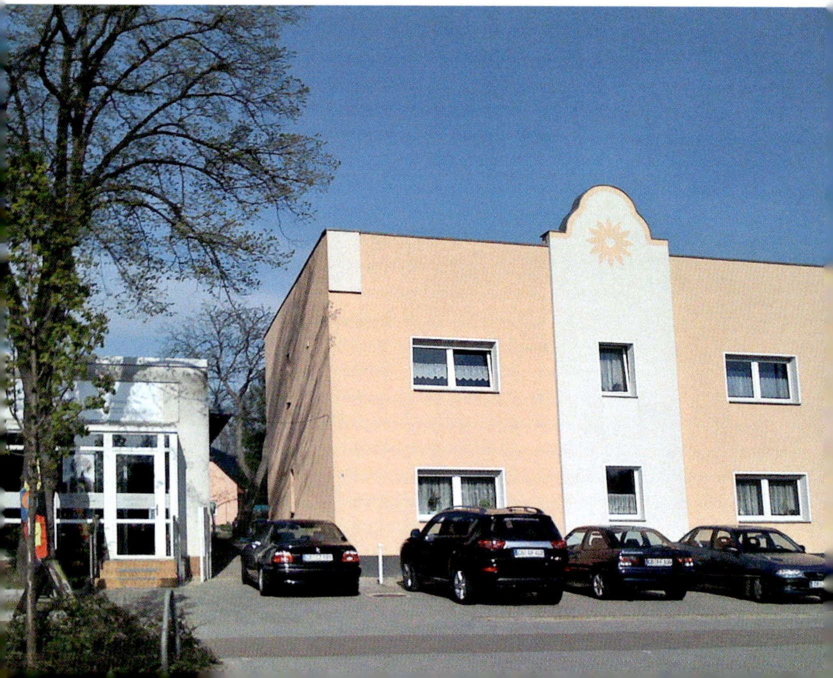

Angebot
des Hauses

gemischte Platte
für 6 Personen

6 kleine Schweinesteak
6 kleine Putensteaks
6 Scheiben Schnittkäse
6 Scheiben Kasselerbraten
6 Scheiben Schinken
6 Scheiben geräucherte
Putenbrust
6 Scheiben Salami
6 überbackene
Putenbrustfiletsteaks
mit Pfirsich und Käse

35.00 €